Inhalt

»Du bist ein Junge!«   6
Die Erzieherin Jana Schulz erzählt, wie das Thema Geschlecht in ihrem Kitaalltag präsent ist

Vorstellung von Geschlechtergerechtigkeit   8
Die Elementarpädagogin und Geschlechterforscherin Melanie Kubandt spricht über die
verschiedenen Begriffe und Interventionen zum Thema Gender und Geschlecht in der Kita

Raus aus der Puppenecke   12
Das Vergnügen Erfahrungsraum
Wie Kindertagesstätten die Erkundungslust von Mädchen und Jungen jenseits
von Geschlechterstereotypen wecken können, beschreibt Claudia Wallner

Der Pay Gap beginnt im Kinderzimmer   19
Almut Schnerring macht deutlich wie früh in der Kindheit die Ungleichheit beginnt und
plädiert für eine fortschrittlichere Gleichstellungs- und Bildungspolitik

Geschlechtliche Vielfalt in der frühkindlichen Pädagogik   22
Was ist, wenn Lukas gar kein Junge ist? Jenny Wilken möchte die starren
Geschlechterkategorien aufbrechen

Liese und ihr Böckchen   26
Über Trotz, Streit, Schuldgefühle, Frau- und Mädchensein
Welche Rolle die Handlungsweisen und die Konfliktfähigkeit der eigenen Mutter und Erzieherin
für Kinder spielen, fragt Koschka Linkerhand

Als Mann in der Kita ...   33
Der Erzieher Cem Erkisi erzählt, wie er das Thema Geschlechteridentität in der Kita erlebt

Geschlechterdiversität im Leitbild   36
Eine AG für Diversity und Gender
Der Erzieher Patrick und die Erzieherin Yildiz sind Gender- und Diversity-Beauftragte
ihres Trägers, sie geben einen Einblick in ihre Arbeit

Kuscheln, Liebe, Doktorspiele   38
Der fachliche Umgang mit kindlicher Sexualität und Geschlechtsidentitätsentwicklung
Ralf Pampel macht Vorschläge, wie sich die Entwicklung der kindlichen Sexualität und
der Geschlechtsidentität gut begleiten lässt

Vorab

Liebe Leser*innen,

die pädagogische Auseinandersetzung mit Geschlecht und Geschlechterrollen ist nicht neu. Schon in den 1970er-Jahren haben feministische Pädagoginnen danach gefragt, wie Mädchen beim Hineinwachsen in eine Welt, in der sie in vielerlei Hinsicht benachteiligt waren, unterstützt werden können. Heute ist gendersensible Pädagogik in einigen Bereichen selbstverständlich geworden. Viele Kitas möchten den Kindern eine freie Entfaltung ermöglichen – abseits von Vorstellungen, wie ein Junge oder Mädchen zu sein hat. Was aber bedeutet das für die pädagogische Haltung und Arbeit? Mit den Beiträgen in diesem Heft wollen wir Sie anregen, sich dem Thema auf unterschiedlichen Wegen zu nähern: über Erfahrungen, Reflexion und Praxis. Welche Vorstellungen von Geschlecht bringen Sie mit? Was erwartet die Gesellschaft? Was braucht es, um Geschlechtervielfalt schon für die Jüngsten zu ermöglichen?

In diesem Heft berichten Jana Schulz und Cem Erkisi aus ihrer Praxis als Erzieher*innen, die die Stereotypen von Frau und Mann nicht stehen lassen wollen. Melanie Kubandt erläutert die Gratwanderung, Geschlechtsidentitäten zu stärken, ohne sie auf die gängigen Vorstellungen von Mädchen und Jungen festzuzurren. Claudia Wallner liefert Denk- und Praxisanstöße jenseits von Puppenstube und Bauecke. Einige Kitas haben bereits Genderbeauftragte, wie Yildiz und Patrick von INA.KINDER.GARTEN gGmbH in Berlin berichten. Koschka Linkerhand verweist auf die Zusammenhänge zwischen Mädchenrolle und den vielen Anforderungen, denen Frauen und Mütter nach wie vor ausgesetzt sind. Auch Jenny Wilken ermutigt dazu, geschlechtliche und sexuelle Vielfalt in den Blick zu nehmen: Es gibt bestimmt auch in Ihrer Einrichtung Regenbogenfamilien. Dass Geschlechterklischees sich in die pädagogische Arbeit einschleichen und dabei auch mit rassistischen Vorannahmen verbunden sind, ist ein Forschungsfeld, das wir hier leider nicht berücksichtigen konnten. Hier Berührungsängste abzubauen und einander mit Offenheit und der Bereitschaft zur Selbstreflexion zu begegnen, ist umso notwendiger, weil Geschlechterpolitik ein sehr aktuelles Thema im Wahlkampf ist. Gleichzeitig verfestigt sich jedoch die Zweiteilung in eine Jungen- und eine Mädchenwelt, durch geschlechtsspezifische Spielzeuge und Kleidung, in der Kindern kaum andere Handlungsspielräume bleiben. Welche gesamtgesellschaftlichen Konsequenzen diese »Rosa-Hellblau-Falle®« hat, beschreibt Almut Schnerring. Ralf Pampel führt aus, dass es niemals darum gehen kann, Sexualität in Kinder »hineinzubekommen«. Vielmehr erfordert die Begleitung junger Kinder, die ihre individuelle Geschlechtsidentität noch ausprägen müssen, einen behutsamen und offenen Umgang mit der kindlichen Sexualität. Für eine genderkritische Lektüre haben wir einige Kinderbücher zusammengetragen. Diese bieten Anregungen zum Dialog über geschlechtliche Vielfalt, prägen neue Held*innenbilder und zeigen eine diverse Normalität.

Es gibt unterschiedliche Ansätze, Geschlechterrollen und -zwänge zu beleuchten. Das zeigt sich auch an den verschiedenen Möglichkeiten, eine geschlechtergerechte Sprache zu verwenden. Im Heft haben wir uns für den Genderstern entschieden. Er umfasst Frauen wie Männer sowie Personen, die sich weder als Mann noch als Frau verorten.

Geschlecht ist eine bedeutsame Kategorie, die bei jeder und jedem an andere Erfahrungen, auch an tief Persönliches rührt. Damit in die fachliche Auseinandersetzung zu gehen, war eine Herausforderung. Unser Fazit ist: Eine geschlechterreflektierte pädagogische Haltung nicht ohne eine persönliche und auch politische Positionierung zu haben.

Viel Spaß beim Lesen!

Emilia Miguez und Koschka Linkerhand

»Du bist ein Junge!«

Die Erzieherin Jana Schulz erzählt, wie sie das Thema Geschlecht in der Kita erlebt: Micha liebt Bagger und jegliches Werkzeug, er spielt gerne laut und wild. Er trägt ein Kleid, jeden Tag. Julie liebt ihre langen Kleider und kommt jeden Tag schön zurechtgemacht in den Kindergarten. Spätestens nach zwei Stunden sitzt sie voller Schlamm im Sandkasten. Albrecht, drei Jahre alt, haut am liebsten mit Stöcken auf Töpfe. Manchmal läuft er aber auch gelassen mit zwei Puppen im Tragetuch herum und freut sich über seine »Zwillinge«. Hanna spielt sehr gerne mit Jungs, sie interessiert sich für Dinosaurier und klettern. Erst in ihrem letzten Kindergartenjahr beginnt sie intensivere Freundschaften mit Mädchen.

Eine Erzieherin mit Bart

Das sind keine Genderfiktionen – das sind reale Kinder. Ich bin Erzieherin in einer eher alternativen Kita mit komplett offenem Konzept in Leipzig. Die meisten Kinder tragen geschlechterkonform Kleider mit Disneys Anna und Elsa darauf oder T-Shirts mit Bob dem Baumeister. Doch wenn man genau hinsieht, erkennt man: Kein Kind ist gleich, jedes ist anders. Ich selbst habe einen sehr persönlichen Bezug zum Thema Gender. Ich bin früher von meiner Mutter oft in schöne Kleider gesteckt worden, die unbequem waren und nicht dreckig werden durften. Ich sollte auch immer brav und lieb sein. Irgendetwas hat sich für mich nicht richtig angefühlt. Heute trage ich gerne weite Hosen, schneide meine Haare kurz und manchmal ziehe ich Röcke an. Für die meisten Kinder im Kindergarten bin ich einfach Jana, die Erzieherin. Trotzdem werde ich immer mal auch auf mein Geschlecht angesprochen.

Kind: »Du bist ein Junge!«

Ich schaue an mir herunter: Strumpfhose, Rock, Glitzerhaarspange im kurzen Haar.

Ich: »Warum denkst du, dass ich ein Junge bin?«

Kind: »Du hast einen Bart!«

Ich liebe meinen ziemlich stark ausgeprägten Damenbart. Er gibt meinem Gesicht Charakter. Gelassen antworte ich: »Jeder Mensch hat Haare über der Oberlippe.«

Kind: »Meine Mama nicht!«

Ich: »Doch, ich denke schon. Du hast dort auch schon feine Haare.«

Wir gehen zum Spiegel und schauen uns genau an. Und ja, jeder Mensch hat Haare im Gesicht – überall ein zarter Flaum. Manche haben mehr Haare, manche weniger, manche Haare sind hell, manche dunkel. Damit ist das Thema gegessen – ich bin also Jana, die Erzieherin mit Bart.

Eine Frage der Haltung, nicht der Frisur

Wichtig ist es, eine gute Haltung sich selbst gegenüber zu haben. Wie wurde ich erzogen? Wann fühle ich mich selbst (un-)wohl? Wie möchte ich gesehen werden? Was möchte ich Kindern gerne mit auf den Weg geben? Welches Verhältnis habe ich zu meinem eigenen Geschlecht/Gender? Das sind Fragen, die man sich definitiv immer mal stellen kann.

Ich habe auch schon erlebt (ganz selten – aber wie gesagt, es ist eine alternative Kita), dass Kinder mich komisch fanden. Ich komme mit raspelkurzer Igelfrisur in den Kindergarten.

Kind: »Du siehst hässlich aus!«

Das kann einen schon verunsichern, schließlich ist es meist ein langer und manchmal auch steiniger Weg, sich selber zu akzeptieren und schön zu finden. Also durchatmen und: Nein! Ich sehe nicht hässlich aus!

Ich: »Das ist okay, wenn du das nicht schön findest – ich finde mich schön.«

Damit wäre das erst mal erledigt. Manchmal kann ein einfacher, undramatischer Satz viel bewirken. Wichtig ist es, dass wir unserer (erwachsenen) Vorbildfunktion bewusst werden und uns vor Augen führen, wie viel Kinder sich von einer liebevollen und guten Haltung sich selbst und den Mitmenschen gegenüber abschauen können.

Kinder lernen bis zum Schuleintritt das meiste über alltägliche Situationen von ihren Bezugspersonen. Ich denke, dass Kinder in erster Linie individuelle Persönlichkeiten sind, die in einer zweigeschlechtlich ausgerichteten Gesellschaft aufwachsen, die sie in Richtung Mädchen bzw. Junge schiebt. Der

Druck, mit dem das geschieht, ist sehr groß. Aber wenn man schwammig wird, wenn Kinder das Thema Geschlecht ansprechen, weicht man dem Problem nur aus. Gerade Kinder zwischen vier und sechs Jahren üben Geschlechterrollen eher stark überspitzt aus, um herauszufinden, wer sie eigentlich sind. Eine Differenzierung beginnt meist mit Eintritt in die Schule.

Das menschliche Gehirn konstruiert, um Gelerntes zu verfestigen. Keine Kategorien oder Einordnungssysteme könnten es überfordern. Wo hört Gesellschaft auf und wo fängt das Ich an? Den Spagat zwischen Differenzierung und gesellschaftlicher Anpassung auszuhalten sowie eine Prise Humor könnten uns und unser Leben mit Kindern erheblich erleichtern und stärken.

Ein Junge in Kleidern?

Micha – der Junge, der gerne mit Baggern spielt und dabei ein Kleid trägt – kommt mir wieder in den Sinn. Micha wird am Anfang oft von anderen Kindern mit »das Mädchen« oder »sie« betitelt. Ich korrigiere nicht, sondern nutze im Gespräch mit ihm einfach immer das männliche Pronome. Die Kinder fragen mich, ob Micha ein Mädchen ist. Ich sage dann: »Frag ihn doch selbst!«

In den Waldwochen gehen wir natürlich in der Natur pullern. Micha geht Richtung Wald, um dort zu urinieren. Ein Kind fragt: »Wo geht sie hin?« Bevor ich antworten kann und pinkelt Micha schon an einen Baum. Die Frage hat sich dann ja wohl erledigt. Es ist irgendwie schön, dass es auf der Welt immer Dinge gibt, die man (noch) nicht erklären kann und muss.

Jana Schulz ist staatlich anerkannte Erzieherin in einer Leipziger Kita. Sie interessiert sich für gesellschaftskritische und feministische Themen und liest gerne skandinavische Kriminalliteratur.

Kontakt
maunz23@gmx.net

Vorstellung von Geschlechtergerechtigkeit

Was ist richtig: »Gender« oder »Geschlecht«? Separate Mädchen- und Jungsgruppen oder doch lieber geschlechtsunabhängige Angebote, die sich an alle Kinder richten? Wir haben die Elementarpädagogin und Geschlechterforscherin Melanie Kubandt über die unterschiedlichen Begriffe und Interventionen zum Thema Gender und Geschlecht in der Kita befragt.

Um einen ersten Eindruck zu Gender bzw. Geschlecht in der Kita zu bekommen, haben wir O-Töne von Erzieher*innen gesammelt. Eine Fachkraft erzählte: »Wir machen ab und zu ein Väter-Frühstück in der Kita. Es kommt gut an. Und es wird anders bestückt, als wenn es ein Mütter-Frühstück oder ein Familien-Frühstück wäre.« Ist das ein guter Anfang, um Geschlechterrollen zu thematisieren? Oder allgemeiner gefragt: Fangen wir besser bei den Kindern oder bei den Erwachsenen an?

Melanie Kubandt: Es macht auf jeden Fall Sinn, zunächst bei Erwachsenen zu beginnen, da diese ganz viel und unbewusst von Anfang an Kindern und auch schon Säuglingen geschlechtliche Rollenvorstellungen vorleben. Sie spiegeln es ihnen aber auch zurück, wie das eine Zitat aus der Hamburger Babygruppe veranschaulicht. Selbstreflexivität für die eigenen geschlechtlichen Rollenvorstellungen spielt daher eine wichtige Rolle, wenn man Stereotype nicht verfestigen möchte. Manchmal fängt das schon beim Loben an: Wen lobe ich für was und wen nicht? Und welche Botschaft vermittle ich dadurch an die Kinder? Das heißt, selbst vermeintlich positive Interaktionen können stereotypes Verhalten und auch Unterschiede zwischen Geschlechtern indirekt verstärken. Die oben genannten Väter-/Mütterfrühstücke können zum Teil auch diskriminierend wirken, wenn damit andere Personen ausgeschlossen werden, beispielsweise Alleinerziehende oder gleichgeschlechtliche Eltern. Hier macht es Sinn, offen in den Dialog zu gehen und Angebote nicht vorschnell nach Geschlechtszugehörigkeiten aufzuteilen: weder für Kinder noch für Eltern. Gleichzeitig ist es manchmal sinnvoll, geschlechtsspezifi-

»In einer Hamburger Babygruppe ging es von Anfang an um Gleichberechtigung zwischen Jungen und Mädchen. Trotzdem wurde festgestellt, dass Jungen und Mädchen sich anders verhalten. Als die Erwachsenen (Eltern und Erzieher*innen) der Frage nachgegangen sind, wie sich das zeigt und woran das liegen könnte, stellte sich z.B. heraus, dass Mütter bei Jungen zuließen, dass sie ihnen wehtaten, wenn sie an ihren Haaren zogen oder ihnen in die Augen piekten (was Babys alle irgendwann machen), dass sie den Mädchen aber klar machten, dass es ihnen wehtut und dass sie das nicht wollen.«

sche Angebote zu machen, um langfristig daran zu arbeiten, dass Unterschiede zwischen Geschlechtern keine so große Rolle im pädagogischen Alltag spielen.

Welche Problemfelder hinsichtlich des Themas Gender/Geschlecht in der Kita sehen Sie?

Melanie Kubandt: Ein Phänomen, das ich häufig in meinen Forschungsstudien in Kindertageseinrichtungen beobachtet habe, ist, dass es oftmals nicht so schwer ist, Geschlechterstereotype auf der Ebene von konkreten Angeboten zu vermeiden. Aber gerade in alltäglichen Interaktionen kommt es immer wieder zu stereotypen Zuschreibungen an die Kinder, die den Fachkräften oft gar nicht bewusst sind. Das »Problem« ist meist gar nicht so sehr die Bereitschaft, sich mit dem Thema auseinanderzusetzen, sondern die für Eltern und pädagogische Fachkräfte oftmals ungeklärte Frage, wann geschlechtliche Zuschreibungen eigentlich problematisch sind und wann nicht. Das hat ganz viel damit zu tun, dass viele der geschlechtergerechten Ansätze für Kindertageseinrichtungen oft entweder für geschlechtsspezifische Angebote oder für eine Neutralisierung plädieren. Selten werden diese beiden Möglichkeiten als einander ergänzende Alternativen gedacht. Die Gratwanderung ist tatsächlich, einerseits ganz individuelle Geschlechtsidentitäten zu bestärken, ohne sie basierend auf kollektivierenden Vorstellungen

»Heute gelten Jungen als benachteiligt. Früher waren die Mädchen die Benachteiligten. Es hängt von der Perspektive (vom eigenen Standpunkt) ab, wie man zu dieser Einschätzung kommt.«

von »Mädchen« und »Jungen« statisch festzulegen und zu werten. Das gilt gleichermaßen für Geschlechtsidentitäten jenseits der Zweigeschlechtlichkeit. Denn unsere gesellschaftlichen Vorstellungen von Geschlechtern sind trotz aller Entwicklungen nach wie vor einengend – und zwar für alle.

Manche Erzieher*innen fürchten, bei Angeboten zum Thema »Junge-Sein und Mädchen-Sein« etwas falsch zu machen oder sich auf Glatteis zu begeben. Tatsächlich haben wir es mit einer Bandbreite von Begriffen zu tun: Gender, Geschlecht, Geschlechtergerechtigkeit, Gendersensibilität, die kaum voneinander abgegrenzt sind und oft nur unzureichend mit eigenen Erfahrungen und klaren Zielsetzungen gefüllt. Wie bekommen pädagogische Fachkraft und Teams hier mehr Sicherheit?

Melanie Kubandt: Ja, die Vielfalt der Begriffe und deren vermeintliche Eindeutigkeiten sind auch etwas, was ich immer wieder an bildungspolitischen Vorgaben wie den Bildungs-, Erziehungs- und Orientierungsplänen kritisiere. Hier werden zum Teil Ansätze und Begrifflichkeiten vermischt, die ganz unterschiedliche Vorstellungen von Geschlechtergerechtigkeit vertreten und gar nicht zusammenpassen. Denn es macht einen Unterschied, ob es heißt, Geschlechterunterschiede sind anzuerkennen oder zu vermeiden. Ich kann die Unsicherheit auf Seiten von Erzieher*innen daher gut verstehen, sehe diese aber auch als Potenzial, denn darin liegt die Bereitschaft, sich prinzipiell mit dem Thema auseinander zu setzen. Ich kann nur dazu ermutigen, Unterschiedliches auszuprobieren und dann zu reflektieren, ob die gewählten Maßnahmen zum gewünschten Ziel geführt haben. Denn es gibt keine Pauschallösungen für ein angemessenes, geschlechtergerechtes Vorgehen. Und wie ich das dann nenne – gendersensibel oder geschlechtergerecht –, ist im pädagogischen Alltag selbst sowieso nachrangig.

Was halten Sie von dem pädagogischen Grundsatz »Ich behandle alle gleich« in Bezug auf Geschlechtergerechtigkeit in der Kita?

Melanie Kubandt: Auf die Aussage »Wir behandeln alle gleich« treffe ich in meinen Forschungen immer wieder. Bei näherer Betrachtung stellt sich jedoch heraus, dass diese Haltung eher eine im Sinne politischer Korrektheit ist als eine tatsächlich gelebte professionelle Haltung. In einer meiner Studien war sie Ausdruck der oben angesprochenen Unsicherheit der Fachkräfte, die nicht wussten, wann sie nun noch auf Geschlecht Bezug nehmen durften oder sollten und wann nicht. Da sie aber eine fachliche Haltung zu Geschlecht einnehmen wollten, haben sie sich auf die vermeintlich unproblematischste Position »Wir behandeln alle gleich« geeinigt. Problematisch ist dieser Grundsatz dann, wenn sich nur am Reden was ändert, aber nicht an der Praxis. Da viele stereotype Zuschreibungen ganz unbewusst und – wie oben genannt – vor allem in Interaktionen mit Kindern erfolgen, glauben zwar viele Fachkräfte, alle Kinder gleich zu behandeln, bei genauer Betrachtung ist das aber in den seltensten Fällen tatsächlich so. Das Beispiel aus der Hamburger Babygruppe illustriert das sehr deutlich.

»Es entsteht im Lauf der Jahre immer mehr Gruppendynamik, je mehr die Kinder sich miteinander befassen und je mehr geschlechtsorientiertes Rollenverhalten an Bedeutung gewinnt. Die jüngeren Kinder nehmen sich die älteren als Vorbild. Dann hängt es von der Gruppenzusammensetzung ab, wer als Vorbild zur Verfügung steht. Es macht einen Unterschied, ob mehr Mädchen als Jungen in der Gruppe sind bzw. ob die Älteren eher Mädchen oder Jungen sind.«

Die geschlechtsspezifischen Rollenanforderungen für Jungen und Mädchen werden schon seit einigen Jahrzehnten kritisiert. Noch nicht so lange gibt es die Forderung, geschlechtliche Vielfalt anzuerkennen – also darauf zu achten, ob »Mädchen« oder »Junge« überhaupt die richtige Zuordnung für das betreffende Kind ist. Das hängt sicherlich damit zusammen, dass in den letzten Jahren verstärkt transgeschlechtliche Identitäten in den Fokus gerückt sind bzw. Geschlechtsidentitäten zwischen oder jenseits von »männlich« und »weiblich«. Sehen

»Mädchen machen viel für die Beziehung, vielleicht, weil sie dafür auch viel zurückbekommen. Für Jungen ist es schwieriger, direkt in Beziehung zu gehen, z.B. den direkten Blickkontakt zu halten. Die Beziehungen, die angeboten werden, sind für die Jungen nicht attraktiv genug, darauf zu reagieren – unabhängig davon, wie attraktiv das Materialangebot ist.«

Sie in dieser Fokussierung neue Widersprüche oder eher eine wertvolle Ergänzung?

Melanie Kubandt: Auch ich kritisiere in meinen Arbeiten Perspektiven auf Geschlechtergerechtigkeit, die nur zweigeschlechtlich ausgerichtet sind, also nur »Mann und Frau« bzw. »Junge und Mädchen« thematisieren. Nicht nur die Personenstandsänderung in Deutschland macht sehr deutlich, dass diese Perspektiven nicht der sozialen Realität entsprechen. Daher sehe ich in dieser Diskussion eine wertvolle und auch notwendige Ergänzung der bisher doch eher einengenden Perspektiven auf Geschlechtergerechtigkeit. In diesem Zusammenhang würde ich mir wünschen, dass wir uns endlich von festlegenden, an kollektivierenden, stereotypen Vorstellungen ausgerichteten Bildern von einzelnen Geschlechtern verabschieden und wirklich die individuellen Eigenschaften und Identitäten Einzelner in den Blick nehmen. Daher sind die aktuellen Debatten aus meiner Sicht begrüßenswert. Außerdem besteht aus meiner Sicht die Gefahr, dass verkürzte Debatten zu Geschlechtergerechtigkeit nur mit Fokus auf »Junge und Mädchen« dazu beitragen, dass veraltete Vorstellungen verfestigt werden, statt dass sie real zu einer geschlechtergerechteren Gesellschaft beitragen.

Die Auseinandersetzung mit Geschlecht hat auch eine starke politische Dimension. Welche Rückmeldungen und Reaktionen bekommen Sie für Ihre Arbeit – angesichts des sich wandelnden gesellschaftlichen Klimas und der Diskursverschiebung nach rechts?

Melanie Kubandt: Die Auseinandersetzung mit Geschlecht hat tatsächlich eine starke politische Dimension und ich bin immer wieder überrascht und schockiert, wie unseriös und fachlich unterkomplex manche öffentlichen und politischen Debatten hierzu geführt werden. Ich erlebe auch im universitären

»Die schwierigsten Jungen durften immer in die Bauecke. Die haben sie dann auch für sich gepachtet. Mit den Kindern, mit denen es gut ging, wurde an Tischen gearbeitet. Das waren dann fast immer Mädchen.«

Alltag deutliche Widerstände und Vorurteile dem Thema gegenüber. Da hilft es nur, in den Dialog zu gehen – aber manchmal ist das gar nicht gewünscht. Bedauernswert finde ich es u.a., wenn soziale Realitäten jenseits der Zweigeschlechtlichkeit abgesprochen werden, nur weil sie vielleicht im persönlichen Umfeld (bisher) keine Rolle spielen. Mit Vortragsveranstaltungen und Workshops versuchen Kolleg*innen und ich, dem etwas entgegenzusetzen und Aufklärungsarbeit zu leisten. Denn auch hier mache ich die Erfahrung, dass vor allem Unwissenheit und Unsicherheiten dem Thema gegenüber zu Ablehnung und Abwehr führen.

Literatur

Kubandt M. & Meyer S. (2012): Gender im Feld der Frühen Kindheit. nifbe-Themenheft Nr. 9. Unter: nifbe.de

Kubandt M. (2017): Geschlechtergerechtigkeit in der Kindertageseinrichtung. Unter: www.kitafachtexte.de

Kubandt M. (2019): Geschlechtliche und sexuelle Vielfalt sowie Regenbogenfamilien in der KiTa. Unter: nifbe.de

Kubandt M., Monse P. & Sabla K-P. (2019): Gleichgeschlechtliche Elternschaft im Kita-Kontext. Kindertageseinrichtungen als Spiegel gesellschaftlicher Normvorstellungen. In: Sozial Extra, Heft 6/2019

Melanie Kubandt, Prof. Dr., ist Diplom-Pädagogin mit Schwerpunkt Elementarpädagogik und Sonderpädagogin für Sprachheilpädagogik. Seit 2018 ist sie Juniorprofessorin für Gender und Bildung an der Universität Vechta. Sie lehrt und forscht u.a. zu Geschlechtergerechtigkeit im Feld der frühen Bildung, Betreuung und Erziehung.

Kontakt
melanie.kubandt@uni-vechta.de

Literaturempfehlung

Jill ist anders

Was ist, wenn ein Kind weder Junge noch Mädchen ist oder sein möchte? Woran machen wir das überhaupt fest? An den Geschlechtsteilen? An den Vorlieben für bestimmtes Spielzeug? Oder an Farben? All diese Fragen werden gestellt, wenn Kinder intergeschlechtlich sind. In »Jill ist anders« findet man jedoch keine eindeutigen Antworten, sondern vielmehr eine Einladung, über Unterschiede und Vielfalt zu sprechen – auch unabhängig vom Geschlecht.

Ursula Rosen:
Jill ist anders
Salmo Verlag,
Lingen 2018,
ab 4 Jahren

Raus aus der Puppenecke
Das Vergnügen Erfahrungsraum

Die Kita spielt als Ort für die Entwicklung der Geschlechtsidentität der Kinder eine bedeutende Rolle. Kitas, die nicht nach geschlechterbewussten Konzepten arbeiten, tragen eher zur frühen Herausbildung von Stereotypen bei, statt Jungen und Mädchen dabei zu begleiten, die Vielfalt der Welt zu entdecken. Claudia Wallner hat Vorschläge, wie Geschlechtervielfalt Einzug in den Kita-Alltag halten kann.

Anders als viele Jahrzehnte geglaubt, ist die Kita ein Ort, der eine wichtige Rolle in der Entwicklung der Geschlechtsidentität von Mädchen und Jungen spielt und: Kitas sind Orte, in denen Geschlecht vielfältig präsent ist.[1] Das beginnt mit der quantitativen Übermacht von Frauen auf der Fachkräfteseite, führt sich fort bei den Müttern, die deutlich häufiger im Kontakt mit den Kindertagesstätten stehen als Väter, findet sich in der Anordnung von Räumen und Spielzeugen wieder – wenn bspw. eine Bau- und eine Puppenecke zum Standard von Einrichtungen gehören oder die Kleiderkiste in räumlicher Nähe zur Puppenküche arrangiert wird – und endet nicht in dem Kontakt von Erzieher*innen zu Eltern und Kindern und dem von Mädchen und Jungen untereinander.

Schon im Alter von drei bis vier Jahren korrigieren sich Kinder untereinander: »Das ist ein Mädchenkleid«, »Jungen spielen doch nicht mit Puppen«, »Mädchen können nicht Fußball spielen« oder »Mädchen lieben Glitzer« sind Sätze, die oft zu hören sind.
    Aber auch von den pädagogischen Fachkräften kommen geschlechtsspezifische Zuschreibungen und Rückmeldungen. Damit sind nicht nur offensichtliche Kommentare wie »Du hast aber heute ein süßes Kleid an« oder »Du bist ja schon stark« gemeint. Das sind alltägliche Bemerkungen, die ganz normal erscheinen, die aber Mädchen und Jungen den Weg in ihre sozialen Geschlechter weisen. Zumeist unbewusste Bemerkungen wie »Die Jungen können auch mal die Tische abwischen« oder »Ihr seid aber ganz schön laut für Mädchen« sind mindestens ebenso wirksam. Beide Rückmeldungen

überschreiten zwar einerseits die klassischen Geschlechterrollenzuschreibungen, weil Jungen angehalten werden aufzuräumen und Mädchen offensichtlich rumtoben dürfen, aber gleichzeitig enthalten sie die Botschaft, dass dies nicht das »normale«, ihnen qua Geschlechtszugehörigkeit zugedachte Verhalten ist.

Geschlechtsbezogene Botschaften durchziehen den Kita-Alltag auf allen Ebenen und sind ständig präsent. Interessant ist, dass aus Sicht vieler Erzieher*innen dieses Phänomen nicht gesehen oder negiert wird: »Wir behandeln alle Kinder gleich oder individuell« wird oftmals als Begründung genannt, warum es in der Kindertagesstätte keine geschlechtsspezifischen Zuweisungen gebe. Ebenso oft genannt wird, dass die Einrichtung und das Spielzeug »neutral« seien und damit keine Geschlechterbotschaften gesendet würden oder dass ja »alle Kinder überall und mit allem spielen dürfen« und es deshalb die freie Wahl der Kinder und keine Zuweisung durch die pädagogischen Fachkräfte sei, womit sie sich beschäftigen. Es geht nicht darum, Schuldzuweisungen vorzunehmen oder Erzieher*innen mangelnde Kompetenz zuzuschreiben.

Der Weg zur gendergerechten Kita ist ein Muss!

Genau dieses Nichtwahrnehmen ist Teil des Phänomens geschlechtsspezifischer (Selbst-)Sozialisation. Die Beispiele machen nur deutlich, dass Genderfragen erstens die Kita im Ganzen betreffen und durchziehen und zweitens Alltagshandeln tangieren und somit hoch wirksam sind. Die Folge: Kindertagesstätten, die nicht nach geschlechterbewussten Konzepten arbeiten, tragen zu frühen Geschlechterstereotypisierungen bei Mädchen und Jungen bei, anstatt sie in der Entdeckung der Vielfalt von Welten zu unterstützen und zu begleiten. Und das ist sowohl ein pädagogisches als auch ein erzieherisches und sozialpolitisches Problem, weil die Kinder- und Jugendhilfe den Auftrag hat, Mädchen und Jungen so zu fördern, dass sie zu eigenverant-

wortlichen und gemeinschaftsfähigen Persönlichkeiten heranwachsen, und dabei Benachteiligungen insbesondere geschlechtsbezogener Art zu vermeiden (§§ 1 Abs. 1 und 9 Satz 3 SGB VIII). Es obliegt also nicht dem jeweiligen Konzept oder der Grundrichtung des jeweiligen Kitaträgers, ob gendergerecht gearbeitet wird, sondern hier liegt ein fachlicher und gesetzlicher Auftrag für alle Kitas vor. Insofern ist der Weg zur gendergerechten Kindertagesstätte ein Muss und in der Verantwortung von Jugendhilfeausschüssen, Trägern und Leitungen. Dieses »Muss« bringt aber auch für Kitas und vor allem für die betreuten Kinder erhebliche Vorteile und Entlastungen: Mädchen und Jungen mischen sich stärker und spielen verstärkt miteinander, es entsteht mehr Vielfalt sowohl im Einrichtungsbild als auch im Spiel der Kinder. Pädagogische Fachkräfte gewinnen einerseits an Spaß und Zufriedenheit, weil Mädchen und Jungen sich ausleben können, und andererseits mehr Qualität in der Arbeit. Die gendergerechte Kita ist ein konzeptioneller Umbauprozess von Alltag. Wichtige Instrumente hierbei sind Sensibilisierung, Weiterbildung, Konzeptentwicklung und Umgestaltung von Spielangeboten. Im Folgenden werden für diese Schritte konkrete Beispiele vorgestellt, die Kitas darin unterstützen können, diesen Weg zu beschreiten.

Sensibilisierung von Fachkräften

Übungen zur Gendersensibilisierung bieten den Fachkräften Raum, ihre persönlichen Erfahrungen mit Geschlechterbildern und die eigene Eingebundenheit in Geschlechterverhältnisse zu reflektieren. Dabei geht es um eigene geschlechterbezogene Sozialisationserfahrungen und die (nicht nur) daraus resultierenden Vorstellungen und unbewussten Bilder wie Kategorisierungen, die unser Denken und Handeln bestimmen: Was halten wir für »weiblich«, was für »männlich«?

Ein kleines Experiment: Bei Youtube gibt es einen kurzen Werbefilm, in dem Darth Vader[2] die Hauptrolle spielt (bei Youtube »The Force: Volkswagen Commercial« eingeben oder dem Link folgen: www.youtube.com/watch?v=R55e-uHQnao). Schauen Sie zunächst den Film an und lesen Sie erst danach weiter.

Nachdem Sie de Film gesehen haben, stellen Sie sich die Frage: Habe ich einen Jungen in der Verkleidung gesehen bzw. ein Mädchen oder habe ich mir gar keine Gedanken über das Geschlecht des Kindes im Kostüm gemacht? Und was hat mich beeinflusst, das eine oder das andere zu denken bzw. zu fühlen? Habe ich das rosa Kinderzimmer gesehen und wie passt das in meine Annahme?

Solche kleinen Übungen helfen uns zu erkennen, mit welchen Geschlechterbildern wir unbewusst handeln: Habe ich einen Jungen gesehen, dann habe ich mich über das »typische Mädchenzimmer« hinweggesetzt und vielleicht eine Schwester dazu fantasiert, weil die Selbstinszenierung des Darth Vader für mich so viele Männlichkeitsattribute enthält, dass es in meiner Vorstellung nicht sein kann, dass es sich um ein Mädchen handelt. Habe ich ein Mädchen gesehen, dann gehört vielleicht in mein Wertesystem, dass ich Mädchensein mit Welteroberung, Beherrschung von Tieren und Gegenständen und Freiheit verbinde. Habe ich gar keine Geschlechterverknüpfung vorgenommen, dann gehören die angebotenen Verhaltensweisen vielleicht nicht zu meinen Geschlechtervorstellungen. Sich selbst in solch alltäglichen Situationen beobachten zu lernen, ist eine wesentliche Kompetenz der Sensibilisierung durch Selbstreflexion.

Die Sensibilisierung für eigene Sozialisationserfahrungen kann bspw. durch Leitfragen erfolgen, die Fachkräfte in Zweiergesprächen austauschen:[3]

- Was für ein Mädchen/Junge warst du selbst?
- Gab es Situationen, in denen du es gemocht hast, ein Mädchen/Junge zu sein?
- Hattest du Vorteile oder Nachteile dadurch, dass du ein Mädchen/Junge warst?
- War es für dich wichtig, dass du Mädchen/Junge warst?
- Gab es in deiner Kindheit und Jugend Erwartungen, die an dich herangetragen wurden, wie du dich als Mädchen bzw. Junge verhalten sollst?
- Hättest du gerne mal dem anderen Geschlecht angehört?
- Ist dir etwas verboten worden, weil du ein Mädchen/Junge warst?
- Was hast du gerne gespielt und mit wem?

Fragestellungen für die Auswertung:
- Gab es Gemeinsamkeiten in den biografischen Erfahrungen?
- Welche Unterschiede wurden sichtbar?
- Welche Überraschungen oder Erkenntnisse haben sich ergeben?

Wahrnehmungen von Mädchen und Jungen

Die nächsten Fragen auf dem Weg zu einer gendersensiblen Kita sind: Wie nehmen die Fachkräfte die Mädchen und Jungen wahr? Was sehen sie? Sehen sie die gesamte Bandbreite der Interessen und des kindlichen Heißhungers auf alles Neue? Oder filtern die eigenen Wahrnehmungen und Geschlechterbilder die Anfragen von Kindern unbewusst bereits heraus, die nicht dazu passen? Sehr aufschlussreiche Erkenntnisse über die eigenen blinden Flecken liefert die in 2014 veröffentlichte Tandemstudie von Holger Brandes, Markus Andrä, Wenke Röseler und Petra Schneider-Andrich[4], die durch Beobachtung von Spielsituationen zwischen pädagogischen Kita-Fachkräften und Kindern u.a. aufzeigt, dass es oft die Erwachsenen sind, die Kinder in geschlechterstereotypes Verhalten führen, im Nachhinein diese typischen Spielverhalten aber der kindlichen Entscheidung zuschreiben.

Eine Erzieherin berichtet in der Auswertung einer Spielsituation, die Initiative zum gemeinsamen Basteln einer Perlenkette sei von dem Mädchen ausgegangen. Die Erzieherin hatte jedoch andere Bastelvorschläge des Mädchens gar nicht erst aufgegriffen. Die Autor*innen der Tandemstudie verweisen jedoch auch darauf, dass Mädchen und Jungen bereits vergeschlechtlicht in die Interaktion eintreten. Insofern kommen in der Interaktion von beiden Seiten Impulse zu vergeschlechtlichem Handeln und es kann von einer wechselseitigen Beeinflussung ausgegangen werden.

Um die eigene Praxis zu analysieren und eigene Beobachtungen von Mädchen und Jungen zu aktivieren, kann die folgende Übung dienen:

Fachkräfte tauschen in Paaren Beobachtungen und Meinungen aus. Nach fünf Minuten wechseln die Paare die Position. Mögliche Fragen sind:
- Bevorzugen Mädchen und Jungen in deiner Einrichtung unterschiedliche Spiele oder Tätigkeiten?
- Drücken Mädchen und Jungen bestimmte Gefühle wie Wut, Trauer oder Freude unterschiedlich aus?
- Denkst du, dass Mädchen wie Jungen gleichermaßen mit den pädagogischen Angeboten in der Kindertageseinrichtung zufrieden sind?
- Verweigern Kinder anderen Kindern unter ausdrücklichem Hinweis auf ihr Geschlecht die Teilnahme an einem Spiel?
- Ist für die Kinder deiner Gruppe das Thema »Mädchen- und Junge-Sein« ein (Bildungs-)Thema?

Fragestellungen für die Auswertung:
- Gab es Gemeinsamkeiten in den Beobachtungen und Einschätzungen?
- Welche Unterschiede wurden sichtbar, woraus resultieren sie?

- Welche Anschlussfragen oder neuen Erkenntnisse haben sich ergeben?

Eine schöne Übung zum Thema »Wahrnehmung von Mädchen und Jungen« ist das gemeinsame Erzählen von Geschichten anhand eines Fotos. Dafür werden drei Gruppen gebildet. Jede Gruppe erhält ein Foto und muss spontan eine Geschichte erfinden, die durch das Foto angeregt wird. Dabei setzen sich die Teilnehmenden der jeweiligen Gruppe nebeneinander. Jeder und jede darf immer nur einen Satz sagen und gibt das Foto dann an die nebensitzende Person weiter. So tragen alle gemeinsam eine Geschichte zusammen. Eine Moderatorin oder ein Moderator der Übung schreibt wichtige Stichworte der Geschichte mit.

Die drei Gruppen erhalten ähnliche Fotos, nur dass einmal das Kind auf dem Foto eindeutig als Mädchen zu identifizieren ist (z.B. www.erziehung. net/informationen/erziehung-allgemein/erziehungsstile.html), einmal als Junge (z.B. http://de.123rf. com/photo_7513853_portrait-von-ein-kind-im-wald-an-einem-baum-gelehnt.html) und einmal indifferent (z.B. www.zeit.de/2011/49/L-SM-Louv). Die drei Geschichten werden nacheinander erzählt und hinterher werden die Schlüsselwörter vorgelesen. Zumeist zeigt sich dann, dass die Geschichten deutliche geschlechtertypische Züge entwickeln: von Mädchen, die sich fürchten und nach der Mutter weinen, von Jungen, die beschützen, toben oder jagen – und erstaunlich wenig Geschlechterstereotypen in der Geschichte von dem Kind, das nicht als Mädchen oder Junge zu erkennen ist. So können Kita-Teams gemeinsam reflektieren, welche versteckten, weil unbewussten Geschlechterbilder sie in sich tragen und inwiefern dies ihre Wahrnehmung der Mädchen und Jungen beeinflusst.

Geschlechterbilder von Mädchen und Jungen erfahren

Ein Praxisbeispiel für die gezielte Arbeit mit Kindern zu ihren Mädchen- und Jungenbildern ist eine Methode aus dem »Gender Loops«-Praxisbuch (Krabel/Cremers 2008): »Der Außerirdische Mox befragt Jungen und Mädchen«. Die Handpuppe Mox, die von einem anderen Planeten stammt und das erste Mal auf der Erde weilt, fragt die Kinder, ob es stimmt, dass es auf der Erde Mädchen und Jungen gibt, und woran man sie erkennt:

- Kann man erkennen, ob ein Kind ein Mädchen oder ein Junge ist?
- Gibt es etwas, das Mädchen/Jungen nicht machen oder nicht anziehen dürfen?
- Gibt es etwas, das Jungen/Mädchen gar nicht mögen/gern spielen?
- Gibt es etwas, das Mädchen und Jungen gleich gern spielen oder tun?
- Gibt es etwas, das Mädchen besser können als Jungen?
- Gibt es etwas, das Jungen besser können als Mädchen?
- Gibt es etwas, das Mädchen und Jungen gleich gut können?

Solche und ähnliche Fragen regen Kinder an, ihre Vorstellungen mitzuteilen, miteinander ins Gespräch zu kommen und Geschlechterstereotype zu irritieren, und sie geben Erzieher*innen wichtige Hinweise über die Bilder der Kinder.

Spielzeug, Spielecken und anderes

Die Anordnung von Spielangeboten und die Auswahl von Spielzeug ist in Kitas ein wesentlicher Faktor, wie stark und eindeutig Geschlechterbotschaften an Kinder gesendet werden, ohne dass sie danach fragen. Puppen- und Bauecken senden Mädchen- und Jungenbotschaften – nicht nur farblich, sondern allein dadurch, dass sie getrennt angeboten werden. Verkleidungskisten beinhalten oft kommerziell hergestellte Verkleidungen, die wiederum eindeutige Signale senden: Prinzessinnenkleider und Piratenkostüme lassen Kindern wenig Spielraum für Zweideutigkeiten. Spielzeug wird von der Industrie immer eindeutig gemacht durch Farben und klare Botschaften: das Überraschungsei extra für Mädchen oder »Heart Lake City« von Lego, auch nur für Mädchen, sind zwei Beispiele für Spielzeug, das vor einigen Jahren noch Unisex war, nun aber klar nach Geschlecht getrennt angeboten wird und dabei eindeutige, klassische Geschlechterbotschaften sendet. So sind im »Mädchenei« eher Elfen zu finden als Konstruktionsspielzeuge, und in »Heart Lake City« sind die Legopüppchen (dort wohnen nur Mädchen) dünner als üblich, und das Leben in der Stadt besteht aus Konsum und Vergnügen. So lernen Mädchen schnell, was von ihnen erwartet wird. Ähnliche Phänomene finden sich natürlich auch auf Jungenseite: Lego und Playmobil halten männliche Arbeitswelten vor und es gilt, »wilder Kerl« oder »gefährliches Monster« zu sein. Der Großteil der Spielzeuge ist wie auch viele Kinderfilme und -bücher Wegweiser in streng getrennte Geschlechterwelten. Kindertagesstätten, in denen das Spielen im Zentrum der Beschäftigung von Kindern steht, sollten also genau untersuchen, wie sie durch die Anordnung von Spielgelegenheiten und das Spielzeugangebot Geschlechterstereotypisierungen fördern – oder eben nicht. Was also tun, um auch hier nicht in die Geschlechterfalle zu tappen?

Kita-Teams können ihre Einrichtung und ihr Spiel-(-zeug-)angebot gemeinsam kritisch würdigen und sich dabei folgende Fragen stellen:
- Haben wir Bau- und Puppenecken – und wenn ja, warum?
- Führen die getrennten Angebote zu einer Trennung von Mädchen und Jungen im Spiel?
- Welches Spielzeug haben wir, das keine eindeutigen Geschlechterbotschaften sendet, und welchen Anteil am Gesamtspielangebot macht das aus?
- Wie sehen die Geschlechterbilder in Bilderbüchern und Spielen aus?
- Wo ist in der Kita Raum für offenes Spiel und wie wird das von Mädchen und Jungen genutzt?

Fragestellungen für die Auswertung:
- Gab es Gemeinsamkeiten in den Beobachtungen und Einschätzungen?
- Welche Unterschiede wurden sichtbar, woraus resultieren sie?
- Welche Anschlussfragen oder neuen Erkenntnisse haben sich ergeben?

Es gibt drei Möglichkeiten, mit dem geschlechterdeterminierenden Spielzeug so umzugehen, dass Kindern nicht permanent Geschlechterbotschaften gesendet werden:
- Reduzierung des Spielzeugs, der Bücher etc.: Je weniger Spielzeugmengen die Gruppenräume vollstellen, umso mehr Raum im doppelten Sinne haben Kinder für freies, fantasievolles Spiel, und umso weniger treten geschlechtsspezifische Verhaltensweisen und Zuschreibungen unter Kindern auf. Also ruhig mal richtig ausmisten!
- Neuordnung des Spielzeugs jenseits von Bau- und Puppenecken: So haben die Erzieher*innen im fun & care Kindertagesheim Brunhildengasse

in Wien alles Spielzeug in kleine Rollcontainer sortiert, die für alle Kinder zugänglich im Flur aufgestellt und nach Spielzeuggattungen sortiert sind. In der Kita gibt es durch einfarbige Teppiche ausgewiesene Spielflächen. Die Kinder ziehen zum Spiel verschiedene Container heran, begeben sich gemeinsam auf die Spielflächen. Puppen vermischen sich im Spiel mit Legos und Autos, Kuscheltieren oder Bauernhöfen – und nebenbei vermischen sich auch das Spiel der Mädchen und Jungen (Frauenbüro der Stadt Wien 2003).
- Bewusste Auswahl solcher Spielangebote, die nicht geschlechtsspezifisch belegt sind, die Geschlechterstereotype irritieren oder Vielfalt anbieten: Ein Beispiel hierfür ist die »Princess Machine«, die sich an Mädchen wendet, die rosa Welten durchaus einbindet, aber eine Vielfalt kreativen Spiels für Mädchen anbietet, die sonst nur Jungenspielzeug vorbehalten ist. Ein Filmchen bei Youtube zeigt, wie es geht: www. youtube.com/watch?v=IIGyVa5Xftw oder einfach »Princess Machine« bei Youtube als Suchbegriff eingeben.

Gender als Teil des Kita-Konzepts

Ein unverzichtbarer Aspekt in der Auseinandersetzung mit Gender in Kitas ist die Verankerung der genderbezogenen Ziele im Konzept. So entsteht Transparenz gegenüber Eltern, aber auch neuen Kolleg*innen, und die Teams verständigen sich auf eine gemeinsame Linie, die durch das Konzept vom Träger getragen wird.

Die Kindertagesstätten, die in Hessisch Oldendorf zum Bereich Südweser zusammengefasst sind, haben im Rahmen einer Genderweiterbildungsreihe im Programm »MEHR Männer in Kitas« Ende 2013 ein solches Konzept entwickelt, das hier als Beispiel vorgestellt wird:
- Mädchen und Jungen haben die gleichen Chancen beim Zugang zu Räumen, Material und Angeboten.
- Jungen und Mädchen erhalten gleichermaßen die Aufmerksamkeit der pädagogischen Fachkräfte.
- Mädchen und Jungen werden in lebenspraktischen Bereichen und Alltagssituationen gleichbehandelt.
- Die Unterschiede von Jungen und Mädchen werden in ihrer Individualität wahrgenommen.

- Geschlechtszugehörigkeit bedeutet Unterschiede und Gemeinsamkeiten
- Entwicklung der Identität beinhaltet Auseinandersetzung mit dem eigenen Geschlecht
- Neugier am Erkunden der Umwelt ohne Beeinflussung durch Geschlechtszugehörigkeit
- Durchbrechen von Rollenzuweisungen durch Kenntnis und Akzeptanz vielfältiger Lebensmodelle
- Ernstnehmen der unterschiedlichen Rollenverteilung in den Familien
- Reflexion der eigenen Haltung und Erfahrung im Hinblick auf Geschlechtszugehörigkeit

Quelle: Unveröffentlichtes Konzept der Kitas Südweser. Hessisch Oldendorf (2013)

Die geschlechtersensible Kindertagesstätte ist ein Umbauprozess

Geschlechtersensibles Arbeiten ist kein neues Extraprojekt, sondern ein Prozess der veränderten Wahrnehmung, der Sensibilisierung und der Veränderung der eigenen Haltung. Hieraus erfolgen Reflexionen über die Gestaltung von Räumen, Spielen und Anlässen. Insofern ist Geschlechtersensibilität eine Leitungsaufgabe, die gemeinsam mit den Erzieher*innen bewältigt werden sollte. Gelingt das,

können Kinder sich ihren Neigungen und Interessen entsprechend entwickeln, ohne sich dem Druck von Geschlechterbildern beugen zu müssen. Ein Ziel, das sich allemal lohnt: für Kinder, für Fachkräfte und für Eltern. Der Alltag in den Kitas wird bunter und vielfältiger, weil Spiele und Spielzeug mehr durchmischt werden und dadurch neue Spiele und Spielanlässe entstehen. Puppen können auf Nutzfahrzeugen fahren und werden vom Baby zum Baggerfahrer oder zur Treckerfahrerin. Jungen spielen mehr Rollenspiele, was die Fantasie und die Sprachfähigkeiten fördert, wenn es nicht immer nur um Familien- und Prinzessinnengeschichten geht und die Verkleidungskiste entsprechendes Material bereithält. Mädchen und Jungen fallen nicht so stark in getrennte Geschlechtergruppen auseinander, wenn das gemeinsame Spiel gefördert wird, und können sowohl voneinander lernen als auch ihre Geschlechterbilder erweitern. Erzieher*innen lernen die Kinder in ihrer ganzen Interessenvielfalt noch besser kennen und können auch ihr eigenes Spiel- und Förderrepertoire bereichern. Eltern können sicher sein, dass ihre Töchter und Söhne in allem wahrgenommen und gefördert werden, was in ihnen steckt.

Eine solche genderpädagogische Ausrichtung und Reflexion fördert darüber hinaus einen differenzier-

Literaturempfehlung

Nelly und die Berlinchen
Die Schatzsuche

Drei Freundinnen aus Berlin erleben gemeinsam große Abenteuer. Sie sind die neuen Heldinnen, wie man sie sich wünscht – denn die Autorinnen schaffen es nicht nur gestalterisch, sich von den typischen Prinzessinnengeschichten abzuheben. Sie erzählen Geschichten, die starke Mädchen voller Mut, Klugheit und Zuneigung füreinander zeigen. Gelungen ist zudem die abgebildete Vielfalt der Kinder mit ihren Familien.

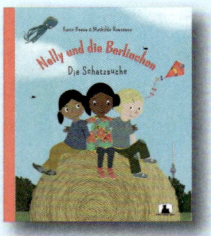

Karin Beese & Mathilde Rousseau: Nelly und die Berlinchen Die Schatzsuche HaWandel, Berlin 2019, ab 4 Jahren

ten Blick auf Kinder und die Stärken und Einschränkungen, die sie mitbringen. Wer sich sensibilisiert und qualifiziert hat, auch die Seiten an Kindern zu bemerken, die nicht geschlechtstypisches Verhalten repräsentieren, kann sich auch leichter für andere Verschiedenheiten sensibilisieren und eigene Bilder z.B. über Jungen aus Migrationsfamilien oder Mädchen aus Armutsverhältnissen überprüfen. Ein gutes Genderkonzept bietet immer auch den Einstieg in diversitätsbewusste Konzepte und ist auch insofern mehr als »nur« Mädchen- und Jungenförderung.

Mit freundlicher Genehmigung wiederabgedruckt aus: Koordination Männer in Kitas (2014): Geschlechtersensibel pädagogisch arbeiten in Kindertagesstätten. Forschungsergebnisse und Praxisempfehlungen, S. 11-20. Unter https://mika.koordination-maennerin-kitas.de

Literatur

Frauenbüro der Stadt Wien (2003): Geschlechtssensible Pädagogik im Kindergarten. Projektbericht aus dem Kindertagesheim fun & care Brunhildengasse. Wien

Krabel, Jens/Cremers, Michael (Hrsg.) (2008): Gender Loops. Praxisbuch für eine geschlechterbewusste und -gerechte Kindertageseinrichtung. Berlin

1 So hat sich die Mädchen- und Jungenarbeit über Jahrzehnte kaum mit Geschlechterfragen im Kleinkindalter auseinander gesetzt, und auch Forschung und Praxisreflexionen beginnen bis auf wenige Ausnahmen (insbesondere die Veröffentlichungen von Martin Verlinden in den 1990er-Jahren) erst mit den 2000er-Jahren.

2 Zentrale Figur aus den »Star Wars«-Filmen, die dort auf der dunklen (bösen) Seite der Macht steht.

3 Die folgenden Übungen verwenden Michael Drogand-Strud und die Autorin in gemeinsamen Weiterbildungen für Kita-Fachkräfte. Teilweise werden sie auch in diesem Artikel beschrieben: Drogand-Strud M./Wallner C. (2013): Geschlechtersensible Ansätze für Mädchen und Jungen in den Kitas. In: Kita aktuell 11/2013. Unter https://claudia-wallner.de

4 Erste Ergebnisse der Tandemstudie wurden 2013 im Internet veröffentlicht: www.erzieherin.de/maenner-in-kitas-was-machen-sie-anders.html

Dr. Claudia Wallner ist Referentin und Autorin mit den Themenschwerpunkten Mädchen*arbeit, Mädchen*- und Frauen*politik, geschlechtersensible Pädagogik und Geschlechterverhältnisse.

Kontakt
www.claudia-wallner.de

Der Pay Gap beginnt im Kinderzimmer

Die institutionelle Gleichstellungspolitik ist vor allem auf die Berufswelt ausgerichtet. Dabei gerät aus dem Blick, wie früh in der Kindheit die Ungleichheit beginnt und wie stark die privaten Lebensverhältnisse die individuellen Chancen und Möglichkeiten im Beruf beeinflussen. Zeit also für einen Perspektivwechsel und einen umfassenderen Ansatz in der Gleichstellungs- und Bildungspolitik, fordert Almut Schnerring, Autorin und Aktivistin der Rosa-Hellblau-Falle®.

In den gut 70 Jahren seit der Verabschiedung des Grundgesetzes ist eine Vielzahl von Gesetzen dazugekommen, um die Gleichberechtigung von Männern und Frauen Wirklichkeit werden zu lassen, zuletzt etwa das Entgelttransparenzgesetz oder das Gute-Kita-Gesetz, aber auch Initiativen wie der »Girls' und Boys' Day«, »Männer in Kitas« oder »MINT Zukunft schaffen«. Trotzdem sind die Ungleichheiten nach wie vor groß – wie kommt das? Ein zentraler, oft vernachlässigter Aspekt ist die Sozialisation, also das Hineinwachsen in diese Gesellschaft mit ihren ungeschriebenen Regeln, die den Prämissen des Grundgesetzes bisweilen widersprechen.

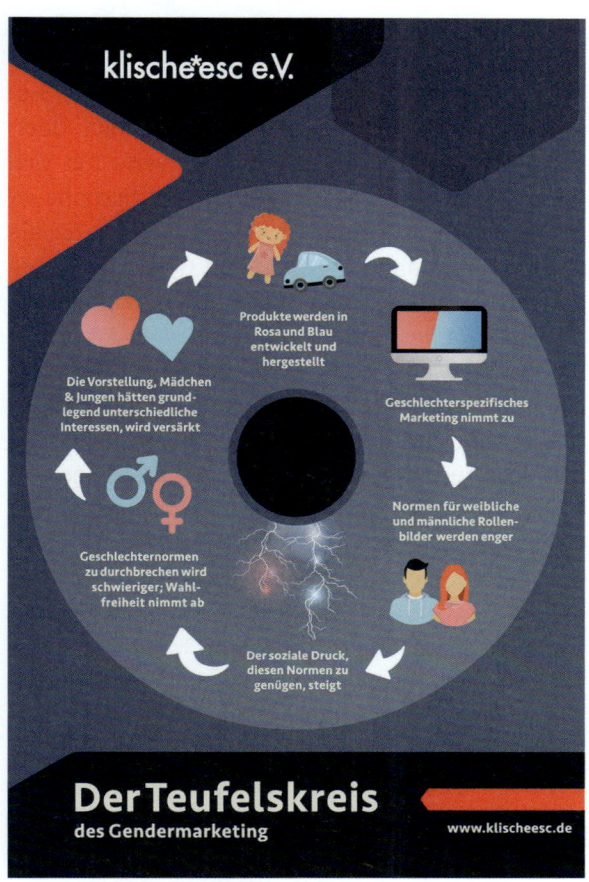

Weniger Taschengeld – weniger Lohn

Jungen bekommen im Durchschnitt mehr Taschengeld und die teureren Geschenke zu Weihnachten und Geburtstagen.[1] Mädchen werden stärker und vor allem selbstverständlicher in die alltägliche Familienarbeit eingebunden, besonders wenn es um die Betreuung jüngerer Geschwister geht – auch in Deutschland.[2] Jungen wiederum werden eher mit Aufgaben wie Rasenmähen oder dem Kehren des Gehwegs betraut und bekommen dafür noch ein paar Euro zugesteckt. Kinder lernen so früh, wie die Aufgabenverteilung in der Familie üblicherweise aussieht und auch die Wertschätzung für die eigene Leistung: Geld vs. Dankbarkeit.

Laut Statistischem Bundesamt verdienen Frauen ungefähr 21 Prozent weniger als Männer, bezogen auf den Bruttostundenlohn. Diese Lohnlücke, die sich in den vergangenen Jahren kaum verändert hat, wird Gender Pay Gap[3] genannt. In der Folge bekommen Männer im Durchschnitt eine um 53 Prozent höhere Rente und haben insgesamt deutlich mehr Vermögen; weltweit sind es über 50 Prozent.[4] Weiter ist die Verteilung der Sorgearbeit extrem ungleich, sie wird als Gender Care Gap[5] bezeichnet. Und auch die Sorgelücke benachteiligt Frauen: Im professionellen Bereich liegt der Frauenanteil bei über 80 Prozent, in manchen Branchen über 90 Prozent, und auch im Privaten übernehmen Frauen die Hauptlast (in Zeit: 52,4 Prozent mehr, in einzelnen Lebensphasen auch über 110 Prozent mehr[6]). Sorgearbeit ist aber nicht nur ein Zeitfaktor, sie verlangt außerdem Wissen und Organisationsfähigkeiten. Diese emotionale Dauerbereitschaft und Verantwortung wird Mental Load genannt und führt dazu, dass Frauen weniger Zeit und Kraft haben für die eigene Aus- und Fortbildung, Erwerbstätigkeit oder politisches und kulturelles Engagement.

Wer kommt in den Chefsessel?

Bis zum Alter von ca. fünf Jahren spüren und wissen Kinder, dass alle Menschen theoretisch und prinzipiell alles gleich gut könnten, unabhängig von Geschlecht, Herkunft oder Religion. Mit dem Übergang von der Kita zur Grundschule verfestigt sich dann die Ansicht, dass Jungen im Durchschnitt intelligenter seien und damit besser geeignet für die wichtigen Aufgaben in Leben und Gesellschaft, besonders natürlich in den MINT-Fächern Mathematik und den Naturwissenschaften. Mit dem Eintritt in die Schule sinkt das Selbstwertgefühl der Mädchen. Sie beginnen, ihre eigenen Leistungen zu unterschätzen und die der Jungen ganz allgemein zu überschätzen.[7] Die Analyse der Google-Abfragen ergibt, dass Eltern von Söhnen wissen wollen, wie intelligent ihr Kind ist. Bei Suchabfragen für Töchter geht es um ihr Aussehen, Wörter wie »schön«, »hässlich«, »übergewichtig« werden häufiger verwendet.[8] Und da diese Stereotype Teil unseres kollektiven Unbewussten geworden sind, werden nach wie vor mehr Männer in höhere Positionen befördert und in politische und gesellschaftliche Ämter gewählt.[9] Weil der Aspekt Herkunft natürlich auch eine Rolle spielt, handelt es sich dabei v.a. um weiße Männer.

Eine gerechtere Verteilung von Sorgearbeit

Es ist also offensichtlich: Viele Ungerechtigkeiten, die in der Erwachsenenwelt kritisiert werden, nehmen ihren Anfang in der Kindheit. Hier wird angelegt, regelrecht eingeübt, was später zur Gewohnheit und Normalität wird. Ein nachhaltiger gleichstellungspolitischer Ansatz liegt also in einer konsequent geschlechterreflektierten Pädagogik von Beginn an: in U3-Gruppen, Kitas, dann in den Schulen und später in der Berufs- und Studienberatung. Eine zweite Grundvoraussetzung für eine gleichberechtigte Gesellschaft ist die faire Verteilung der Sorgearbeit zwischen den Geschlechtern, aber auch zwischen reich und arm, alteingesessen und zugezogen. Auch hier müssen die Weichen im Bildungssystem gestellt werden. Während Schule nämlich sehr einseitig auf die spätere Erwerbstätigkeit aus-

Die Rosa-Hellblau-Falle®

Ausgehend von ihrem gleichnamigen Buch über die Reproduktion und Verfestigung von Rollenbildern in der Kindheit haben Almut Schnerring und Sascha Verlan ein Fortbildungs- und Sensibilisierungsprogramm für Eltern, Erzieher*innen und pädagogische Fachkräfte entwickelt, aber auch für Verantwortliche im Personalbereich, in der Berufsberatung und Teamentwicklung.

Kontakt
https://rosa-hellblau-falle.de/

gerichtet ist, fehlen auf der anderen Seite die Möglichkeit und Ermutigung, eine eigene Care-Biografie aufzubauen. Da Care-Tätigkeiten auch Selbstsorge einschließen (eine gesunde Lebensweise, Entspannung, regelmäßige Arztbesuche), hängt damit die um durchschnittlich fünf Jahre kürzere Lebenszeit von Männern zusammen.[10] Hier sind also besonders Jungen zu fördern und zu ermächtigen.

Freie Entfaltung beginnt im Kinderzimmer

Nun sind Familien und auch das Bildungssystem in ihren Möglichkeiten beschränkt und abhängig von den rechtlichen, kulturellen und ökonomischen Rahmenbedingungen. Solange die Spielwarenindustrie ihr Angebot strikt aufteilt in Puppen und Haushalt für Mädchen einerseits und Technik und Abenteuer für Jungen andererseits, solange also Marketing auf die Trennung der Zielgruppen nach Geschlecht setzt, ist es schwierig bis unmöglich, sich als einzelne Person, gar als Kind diesem System zu entziehen und einen eigenen Weg einzuschlagen. Hinzu kommt, dass in Filmen, Büchern und Computerspielen, aber auch in der medialen Berichterstattung traditionelle Rollenzuschreibungen vorherrschen. So muss Pipi Langstrumpf immer noch als Positivbeispiel herhalten – ein Buch von 1946! Genauso präsent sind all jene Unternehmen, die sich für ihre Vorstände eine Frauenquote von null Prozent zum Ziel setzen. Und dann sind da noch das Ehegattensplitting und die Familienmitversicherung, die eine (männliche) Versorgerehe mit maximal zwei sogenannten Vätermonaten und (weiblichem) Zuverdienst für viele Paare finanziell sinnvoll und naheliegend erscheinen lassen.

In Umfragen geben junge Menschen mehrheitlich und unabhängig vom Geschlecht an, dass sie sich Familien- und Erwerbsarbeit gleichberechtigt aufteilen möchten – eine Grundvoraussetzung übrigens für eine dauerhafte und glückliche Beziehung auf Augenhöhe. Aber nur sehr wenigen Paaren gelingt das dann auch. Das ist kein individuelles Versagen, sondern ein struktureller Missstand, der damit beginnt, dass es in der Kinderwelt zwar überall Puppenmuttis gibt, aber nirgendwo (zumindest nicht öffentlich) von Puppenpapas die Rede ist. Und wenn sich mehrheitlich Frauen um Familie, Kinder und pflegebedürftige Angehörige kümmern, dann ist das weniger eine freie, selbstbestimmte Entscheidung, sondern die Folge jahrelanger Prägung. Die freie Entfaltung der Persönlichkeit beginnt im Kinderzimmer, hier müssen wir sie durchsetzen.

1   www.theguardian.com/money/2016/jun/03/boys-get-more-pocket-money-than-girls-halifax-survey-finds2

2   Statistisches Bundesamt (2017): Wie die Zeit vergeht. Analysen zur Zeitverwendung in Deutschland

3   www.destatis.de/DE/Themen/Arbeit/Arbeitsmarkt/Qualitaet-Arbeit/Dimension-1/gender-pay-gap.html

4   www.dw.com/de/oxfam-unbezahlte-frauenarbeit-macht-reiche-reicher/a-52058517

Literaturempfehlung

Julian ist eine Meerjungfrau

Julian liebt Meerjungfrauen und möchte selber eine sein, weshalb er sich kurzum als solche verkleidet. Nach anfänglicher Skepsis unterstützt ihn seine Oma dabei. Tatsächlich sind die illustrierten Meerjungfrauen so schön und vielseitig, dass man sich am liebsten gleich mit verkleiden möchte. Die Vorstellung, dass Jungs so etwas nicht tun sollten, werfen wir mit diesem Kinderbuch endlich für im-mer über Board!

Jessica Love:
Julian ist eine Meerjungfrau
Knesebeck, München 2020,
ab 4 Jahren

5   equalcareday.de/equal-care-eine-bestandsaufnahme/

6   www.bmfsfj.de/bmfsfj/themen/gleichstellung/gender-care-gap/gender-care-gap—-ein-indikator-fuer-die-gleichstellung/137294

7   www.oecd.org/berlin/publikationen/the-abc-of-gender-equality-in-education.htm

8   www.nytimes.com/2014/01/19/opinion/sunday/google-tell-me-is-my-son-a-genius.html

9   https://psycnet.apa.org/record/2004-16374-010

10 https://de.statista.com/statistik/daten/studie/273406/umfrage/entwicklung-der-lebenserwartung-bei-geburt—in-deutsch-land-nach-geschlecht/

Almut Schnerring ist Journalistin und Autorin und in der Erwachsenenbildung tätig. Gemeinsam mit Sascha Verlan initiierte sie den »Equal Care Day« als Aktionstag für mehr Wertschätzung, Sichtbarkeit und eine faire Verteilung der Sorgearbeit. Mit der Initiative »Der Goldene Zaunpfahl – Preis für absurdes Gendermarketing« erinnert sie Unternehmen und ihre Marketingabteilungen an ihre gesellschaftliche Verantwortung.

Geschlechtliche Vielfalt in der frühkindlichen Pädagogik

Die strikte Unterteilung der Welt in Rosa und Blau hemmt die Handlungs- und Entfaltungsmöglichkeiten von Jungen und Mädchen – darin ist sich die geschlechtersensible Pädagogik einig. Aber was, wenn Lukas gar kein Junge ist? Jenny Wilken erklärt, wie nötig es ist, dass unser Verständnis von Geschlecht über die starren Geschlechterkategorien »Junge« und »Mädchen« hinausgeht.

In Deutschland sind mittlerweile vier Optionen des Geschlechtseintrags möglich: männlich, weiblich, divers oder ein offen gelassener Eintrag. Damit versucht die Politik, die gesellschaftliche Pluralität und Vielfalt abzubilden. Die Eintragung »divers« wird vor allem von Menschen in Anspruch genommen, die sich nicht als Mann oder Frau verstehen, während der offen gelassene Eintrag hauptsächlich bei intersexuellen Neugeborenen genutzt wird. Sie sollen später die Möglichkeit haben, sich selbst zuzuordnen. Leider werden immer noch viele Eltern dazu gedrängt, ihr Kind einer geschlechtszuweisenden Operation zu unterziehen; der Kampf für ein Verbot von solchen fremdbestimmten Operationen ist noch nicht vorbei.

Immer dieselben Schubladen

Deutschland ist eines der wenigen Länder überhaupt, die solche Optionen bieten. Dennoch wird das Thema geschlechtliche Vielfalt in Kitas und Schulen kaum verhandelt. Wie die meisten Gesellschaften ist auch unsere geprägt von einem normativen Verständnis von Geschlecht und Sexualität: Man geht automatisch davon aus, dass alle Menschen entweder Mädchen/Frau oder Junge/Mann sind, und dass alle heterosexuell sind. Das wird als Heteronormativität zusammengefasst – ein System mit sehr klaren Vorstellungen davon, wie Männer und Frauen zu sein haben. Das fängt schon bei den Jüngsten an, und geht in der Kita weiter. »Oft wird im Kindergarten schon am Kleiderhaken entschieden, wer in welche Schublade gehört. Und dann gibt es nur zwei zur Auswahl: Auf der einen

Seite wartet die rosa-lila-farbene Schublade mit Glitzer, beim Öffnen gibt es lustig perlende Geräusche, und man erahnt das Kichern einer Fee mit langem blondem Haar. Auf der anderen Seite ist es die blau-schwarze Camouflage-Schublade, sie öffnet sich mit Baustellengeräuschen, drinnen klappern Dinosaurierzähne, und sie schließt mit einem Gewehrschuss. Herzlich willkommen, schön, das du da bist, wir nehmen dich so, wie du bist! Aber jetzt triff deine Wahl.«[1]

Kinder lernen also sehr früh, wie sie nach dem Rollenverständnis der Erwachsenen sein sollen. Doch die Entwicklung der geschlechtlichen Identität verläuft nicht bei allen gleich. Viele Kinder teilen sich gemäß den Zuschreibungen in Mädchen und Jungen ein. Anderen Kindern ist die Zugehörigkeit nicht so wichtig, und das Wissen um die eigene Zugehörigkeit entwickelt sich erst später. Einige Kinder möchten sich auch bewusst nicht zuordnen oder fühlen sich falsch zugeordnet. »Es gibt auch Kinder, die sich sehr früh bewusst sind, dass das ihnen zugewiesene Geschlecht nicht dem entspricht, wie sie sich sehen. Gemeinhin wird dann medizinisch von ›Transsexualität‹ gesprochen.«[2]

Um deutlich zu machen, dass es sich bei Transsexualität nicht um eine sexuelle Orientierung handelt, werden die Wörter transident oder transgeschlechtlich verwendet. Für die Kurzform trans gibt es keine einheitliche Schreibweise, deshalb finden sich im Text verschiedene: trans, Trans-, trans*. Die Autorin empfiehlt die Kleinschreibung ohne Asterisk. Damit wird verdeutlicht, dass trans eine von vielen Eigenschaften ist, die einen Menschen beschreiben können: Lukas ist braunhaarig, gut im Memory-Spielen und trans.

Wie Transsexualität ist auch Intersexualität keine sexuelle Orientierung, sondern meint, dass anhand der Genitalien eines Menschen keine eindeutige Geschlechtszuschreibung möglich ist.

Transidente und intersexuelle Kinder lösen oft Unsicherheiten bei Eltern und Pädagog*innen aus, daher sind hier Sachinformationen und Sensibilität sehr hilfreich. Ein reflektiertes eigenes Geschlechts-

bewusstsein und eine affirmative Haltung zur Geschlechtervielfalt erleichtern es, andere darin zu unterstützen, selbstbewusst und stark ihr eigenes Geschlecht zu leben. Das gilt auch im Umgang mit transidenten und intersexuellen Kolleg*innen oder mit Kolleg*innen, die sich weder als Frau noch als Mann einordnen.

Transidente Kinder

Viele Eltern von trans Kindern fragen sich, ob sie in der Erziehung etwas falsch gemacht haben. Doch trans zu sein ist keine Frage der Erziehung oder gar eine Wahlmöglichkeit, die man sich aussucht. »Weil es sich um einen autonomen innerpsychischen Prozess handelt, kann auch niemand von außen ein Kind transgeschlechtlich machen oder ihm dies einreden. Kinder suchen sich also nicht aus, transgeschlechtlich zu werden, und Eltern oder Pädagog*innen haben nichts falsch gemacht, wenn ein Kind sich entsprechend äußert. Niemand kann die Geschlechtsidentität eines Kindes ändern, vielmehr wird in der aktuellen Fachliteratur (...) empfohlen, trans Kinder in ihrer Ge-

schlechtsidentität ernst zu nehmen, ihre Aussagen zu respektieren und sie in der Auseinandersetzung mit ihren Identitätsfragen zu unterstützen. Anpassungsdruck an vorherrschende Geschlechternormen schadet der Entwicklung der Kinder, eine sensible Begleitung und Schutz vor Anfeindungen sind hilfreich für sie.«[3] Auch die Psychologin Birgit Möller erklärt: »›Das kann man weder an- noch aberziehen.‹ Möller leitet am Universitätsklinikum Münster die Sprechstunde für Transkinder und -jugendliche. Fünf solcher universitären Sprechstunden gibt es in Deutschland, alle verzeichnen eine wachsende Nachfrage, entsprechend lang sind die Wartezeiten. Mit einer Modeerscheinung, wie es einer ihrer Kollegen jüngst im Spiegel behauptet hat, habe das nichts zu tun, sagt Möller.«[4]

Seepferdchen und Pantoffelschnecken – wer ist hier geschlechtsuntypisch?

Unabhängig davon, ob Sie schon ein trans Kind in Ihrer Einrichtung haben oder gerade zum ersten Mal davon lesen, können Sie die notwendige gendersensible Begleitung einüben – ganz im Sinne einer geschlechtersensiblen Pädagogik. Dies geschieht einerseits durch pädagogische Materialien und andererseits entsprechendes Verhalten.

Benennen Sie ruhig, dass es mehr gibt als nur Junge oder Mädchen, oder dass es völlig okay ist, sich »geschlechteruntypisch« zu verhalten. Eine Möglichkeit, Kindern geschlechtliche Vielfalt zu erklären, ist das Buch »Teddy Tilly« (siehe Vorlesetipp). Auch Geschichten über verschiedene Tiere helfen, miteinander ins Gespräch zu kommen: Bei den Seepferdchen gebären die Männchen, Clownfische und Pantoffelschnecken können ihr Geschlecht wechseln.

Es ist sehr wichtig, selbstgewählte Namen und Bezeichnungen zu akzeptieren. Ebenso sollten Kinder, die noch kein klares Geschlechtsbewusstsein haben oder sich unsicher sind, keinesfalls in eine Richtung gedrängt werden! »Auf diese Weise können Kinder lernen, dass alle Kinder Respekt erfahren, und gleichzeitig lernen, Respekt zu gewähren. Wenn Sie selbst gewählte Vornamen aufgreifen und gewünschte Pronomina verwenden, werden auch die anderen Kinder diese verwenden. Ebenso können Sie die Kleidungswünsche der Kinder positiv kommentieren und so etwas dafür tun, dass kein Kind wegen seiner möglicherweise als nicht geschlechtskonform empfundenen Kleidungswahl verspottet oder ausgelacht wird.«[5] Denken Sie daran: Zurechtweisungen, Bloßstellungen und Spott dienen nur dazu, die Heteronormativität zu wahren und eigene Unsicherheiten zu kaschieren. Man kann den eigenen Kindern noch so oft erzählen, dass Nagellack oder Röcke auch für Jungs sind – aber sobald sie damit öffentlich sichtbar werden, reagiert die Umwelt mit Häme bis hin zur Gewalt. Auch deshalb begann der freie Autor Nils Pickert 2012, seinen kleiderliebenden Sohn aus Solidarität im Rock zur Kita zu begleiten.[6]

Die eigene Haltung weiterentwickeln

Denken Sie einmal zurück: Wie hat sich Ihr eigenes Geschlechtsbewusstsein entwickelt? Was ist für Sie typisch männlich oder weiblich? Haben Sie als Kind »nonkonformes« Verhalten gezeigt und wie wurde damit umgegangen? Auch hinsichtlich Ihrer heutigen Rolle als Elternteil oder Erzieher*in könnte die Frage interessant sein, wie Sie mit den Erwartungen an Ihr Geschlecht umgehen. Erfülle ich Geschlechterklischees oder durchbreche ich diese?

Damit können Sie empathischer für die geschlechtlichen Anforderungen werden, denen schon junge Kinder ausgesetzt sind, und eigene Klischees hinterfragen.

Darüber hinaus bieten Institutionen, Vereine oder Trainer*innen Fortbildungen zu gendersensiblem Verhalten an (siehe Kasten). Die eigene pädagogische Haltung weiterentwickeln lohnt sich! Bedenken Sie: »Die Erwartungen, wenn es um Geschlecht geht, sind immer da. Vielleicht können wir uns, so wie Kinder, neugierig dem uns Unbekannten oder Neuen annähern. Vielleicht ist es an der Zeit, unsere Einstellungen zu erweitern und eine weitere Erwartung mitzudenken: Dass jemand nicht in ein altbekanntes Schema passt – anders oder divers, aber trotzdem ›ganz normal‹ ist. Damit junge trans-, inter- oder andersgeschlechtliche Menschen so normal wie möglich aufwachsen und dabei ganz sie selbst sein können.«[7]

Zum Weiterlesen

Pohlkamp I., Rosenberger K. (Hrsg.) (2018): Akzeptanz für Vielfalt von klein auf! Sexuelle und geschlechtliche Vielfalt in Kinderbüchern. Ein Rezensionsband für pädagogische Fachkräfte in Kindertagesstätten. Göttingen

Rauchfleisch U. (2019): Anne wird Tom – Klaus wird Lara. Transidentität/Transsexualität verstehen. Ostfildern

Schinzler N. (2018): Zur Situation von trans* Kindern und Jugendlichen – insbesondere in Familie und Schule. Unter bpb.de

Sozialpädagogisches Fortbildungsinstitut Berlin-Brandenburg und Bildungsinitiative Queerformat (Hrsg.) (2018): Murat spielt Prinzessin, Alex hat zwei Mütter und Sophie heißt jetzt Ben. Sexuelle und geschlechtliche Vielfalt als Themen frühkindlicher Inklusionspädagogik. Berlin

1 Schnerring A., Verlan S. (2014): Die Rosa-Hellblau-Falle. Für eine Kindheit ohne Rollenklischees. München, S. 50
2 Maurer P., Jacobs B. (2018): Vielfalt und Gender in Kinder- und Bilderbüchern. in: Pohlkamp I., Rosenberger K. (Hrsg.): Akzeptanz für Vielfalt von klein auf! Sexuelle und geschlechtliche Vielfalt in Kinderbüchern. Ein Rezensionsband für pädagogische Fachkräfte in Kindertagesstätten. Göttingen, S. 12
3 Nordt S., Kugler T. (2018): Sexuelle und geschlechtliche Vielfalt als Themen frühkindlicher Inklusionspädagogik. In: Sozialpädagogisches Fortbildungsinstitut Berlin-Brandenburg und Bildungsinitiative Queerformat (Hrsg.): Murat spielt Prinzessin, Alex hat zwei Mütter und Sophie heißt jetzt Ben. Sexuelle und geschlechtliche Vielfalt als Themen frühkindlicher Inklusionspädagogik. Berlin, S. 23
4 Bruhn E. (2019): Transidentität bei Kindern. Wenn aus Ben Lisa wird. In: Erziehung und Wissenschaft 4/2019, S. 26
5 Kugler T. (2018): Julian ist Julia. Wie Sie Transkinder unterstützen. In: kindergarten heute 5/2018, S. 36
6 Seelig L. (2018): Kaum hat man als Junge mal ein Kleid an, gilt man schon als geschlechtsverwirrter Freak. Unter www.editionf.com
7 Becker-Hebly I. (2020): Transgender und Intergeschlechtlichkeit bei Kita-Kindern. Berlin, S. 43

Jenny Wilken bietet Coaching, Beratung und Wissensvermittlung zu Diversity, Inklusion, sexueller und geschlechtlicher Vielfalt an.

Kontakt
https://jennywilken.jimdofree.com

Weitere Informationen und Beratung finden Sie hier: Deutsche Gesellschaft für Transidentität und Intersexualität e.V. (www.dgti.org)
Web: trans-kinder-netz.de

Teddy Tilly

Teddy Tilly bringt unaufgeregt und kindgerecht das Thema »trans« näher. Liebevoll erzählt Jessica Walton die Freundschaft von Finn und seinem Teddy, der eines Tages tieftraurig damit herausrückt, dass er viel lieber ein Teddymädchen sein möchte als ein Teddyjunge. Für Finn ist das kein Problem: An der Freundschaft ändert sich nichts, und der Teddy kann endlich glücklich sein. Durch die tollen Illustrationen von Dougal McPherson können schon dreijährige Kinder verfolgen, wie

»Ich werde immer dein Freund sein«, sagte Finn.

aus Teddy Thomas Teddy Tilly wird. Auch die Nebenfiguren sind alles andere als Geschlechterklischees. Finns Freundin Eva fährt Roller, lässt ihre Haare offen im Wind flattern und baut an einem Roboter. Sie lässt Tilly einfach sein, wie sie ist, statt ständig falsche Pronomen oder den alten Namen zu verwenden. Eine wunderschöne Geschichte über Mitgefühl, Akzeptanz und Freundschaft von Jessica Walton, die selber Tochter einer trans Frau ist.

Jenny Wilken

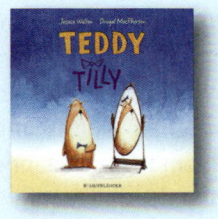

Jessica Walton:
Teddy Tilly
Fischer Sauerländer 2016,
ab 4 Jahren

Liese und ihr Böckchen
Über Trotz, Streit, Schuldgefühle, Frau- und Mädchensein

Auch im Hinblick auf Geschlechtergerechtigkeit gilt: Kinder brauchen Vorbilder. Bauarbeiterinnen und Feuerwehrfrauen in Büchern für Kita-Kinder sind ein Schritt, um darüber ins Gespräch zu kommen, dass Mädchen dieselben Handlungsspielräume offenstehen sollten wie Jungen. Koschka Linkerhand beschreibt, dass die Handlungsweisen und die Konfliktfähigkeit der eigenen Mutter und Erzieherin noch eine viel größere Rolle spielen.

Jeden Morgen dasselbe Theater! Die zweieinhalbjährige Liese will sich nach dem Frühstück partout nicht für die Kita fertigmachen und zeigt ihr »Böckchen«. Ihre Mutter Antonia versucht, sich nicht anmerken zu lassen, wie genervt sie ist. Halb acht kniet sie im Flur, Kinderschuhe und -jacke in den Händen, während Liese hin- und herflitzt und die interessantesten Entdeckungen macht. Der Versuch, Liese zu überreden, fruchtet nicht, gegen ihren Willen zu handeln, führt zu Geschrei und Wuttränen. Nachmittags in der Kita wiederholt sich das Spiel. Liese windet sich, wenn Antonia ihr die Jacke anziehen will. Sie rennt zurück zu den anderen Kindern oder versteckt sich unter der Treppe. Zwar steht Antonia regelmäßig Susanne zur Seite, Lieses Bezugserzieherin, und hilft ihr und Liese, »sich vom Tag in der Kita zu verabschieden«. Umso unangenehmer ist es Antonia, dass das »Böckchen« an den wenigen Tagen ausbleibt, an denen Jonas, ihr Partner und Lieses Vater, das Kind abholt. Doch sie ermahnt sich, geduldig zu bleiben. Liese hat das Recht auf ihren eigenen Willen, findet Antonia – und es stimmt ja, dass es keinen Spaß macht, sich jeden Tag derselben Routine zu unterwerfen.

Jeden Nachmittag dasselbe Theater! Susanne weiß, was die Stunde geschlagen hat, wenn Liese, eben noch ins Spiel vertieft, durch gellendes Geschrei auf sich aufmerksam macht. Ihre Mutter steht in der Tür, Liese ist freudig zu ihr gelaufen. Doch gleich darauf beginnt der tägliche Kampf zwischen Mutter und Tochter. Als erfahrene Erzieherin möchte Susanne Antonia unterstützen. Aber inmitten der anderen Kinder, die ihre Aufmerksamkeit beanspruchen, kann sie nur ein paar Minuten erübrigen, und wenn es schlecht läuft, steckt Liese dann noch unter der Treppe. Susanne ertappt sich dabei, dass sie erleichtert ist, wenn der Vater das Kind abholt. Jonas hat meist nicht viel Zeit, oft trägt er sein Saxofon auf dem Rücken. Er findet knappe Worte, gegen die Lieses »Böckchen« keine Chance hat. Manchmal findet Susanne, dass Jonas sich zu wenig auf Liese einlässt – aber sie, Susanne, kann sich schließlich nicht vierteilen!

Doppelte Ansprüche

Was haben Lieses Trotz, den ihre Eltern »Böckchen« nennen, und Antonias wie Susannes Gereiztheit miteinander zu tun? Was passiert, wenn unter Frauen und Mädchen Aggressivität ins Spiel kommt?

Antonia wie Susanne sind Frauen, die mitten im Leben stehen. Sie tun ihr Bestes, um der gesellschaftlichen Vorstellung der allseitig kompetenten Frau zu entsprechen, die als Mutter, Partnerin, Arbeitnehmerin und Freundin gleichermaßen funktioniert. In allen Lebensbereichen stehen sie ihren »Mann«, beißen oft genug die Zähne zusammen und verlangen überdies von sich, gelassen und großzügig zu bleiben.

Die feministische Soziologin Regina Becker-Schmidt sprach bereits in den 1980ern von der »doppelten Vergesellschaftung der Frau«: Nicht zuletzt im Zuge der Zweiten Frauenbewegung hatten sich die (westdeutschen) Frauen immer weiter in den Arbeits- und Ausbildungsmarkt integriert. Diese Entwicklung führte aber keineswegs dazu, dass die Männer im selben Maße ihre Verantwortung für Haushalt und Kindererziehung ausgedehnt hätten. Stattdessen kümmerten sich Frauen fortan um beides und nahmen dabei permanente Erschöpfung und Überforderung in Kauf.

Hausarbeit – all das alltägliche Kochen- und Spülen-Müssen und Den-Kindern-Hinterherräumen – wird nach wie vor großenteils von Frauen verrichtet. Die feministische Sozialforscherin Sarah Speck hat herausgestellt, dass diese Arbeitsteilung auch in Familien oder Wohngemeinschaften herrscht, die

sich bewusst vorgenommen haben, die anfallenden Arbeiten rund um Kind und Haushalt fifty-fifty zu teilen. Specks Beschreibungen, wie Paare dennoch die Lasten zu Ungunsten der Frau verteilen, sind erstaunlich. So sollen »unterschiedliche Sauberkeitsstandards« erklären, dass die Partnerin und Mutter des gemeinsamen Kindes doch häufiger zum Staubsauger greift, oder dem männlichen Part wird der kinderfreie Ausgleich am Schreibtisch oder im Hobbykeller viel bereitwilliger zugestanden. Dass Frauen in den eigenen vier Wänden seltener als Männer und Kinder ein Zimmer oder eine Ecke haben, die nur ihnen gehört, illustriert diese Forschungsergebnisse. Sie lassen an Virginia Woolfs Anmerkung denken, dass Frauen nicht nur ein eigenes Einkommen, sondern auch »ein Zimmer für sich allein« brauchen, um eigenen Interessen nachgehen zu können.

Die allzeit verfügbare Mutter

Auch die angestrebte finanzielle Unabhängigkeit der Frauen lässt bis heute oft zu wünschen übrig. Das am meisten verbreitete ökonomische Modell unter heterosexuellen Paaren mit Kindern ist das »Haupternährer-Zuverdienerin-Modell«. Der Mann arbeitet in Vollzeit und hat entsprechend weniger Zeit für die Familie; die Frau arbeitet in Teilzeit und übernimmt den Löwenanteil der Sorgetätigkeiten. Dabei geraten Frauen schnell in die Rolle und auch den Selbstanspruch, flexibel und allzeit verfügbar zu sein.

Werfen wir einen Blick auf Antonia, Liese und Jonas: Der Alltag und die Bedürfnisbefriedigung in ihrer Familie sind nahezu komplett auf das Kind zugeschnitten. Die Lebensrealität der jungen Mutter hat sich dabei mehr als die von Jonas geändert. Jonas arbeitet zwar mehr als früher und kümmert sich abends und am Wochenende um sein Kind, findet aber auch noch Zeit für sein Hobby: Er ist Saxofonist in einer Jazzband. Antonia hingegen – so erscheint es ihren alten Freundinnen – ist fast vollständig im Familienalltag abgetaucht. Wenn sie mittags von ihrem Halbtagsjob nach Hause kommt, versucht sie, die nötigsten Dinge im Haushalt zu erledigen, bevor sie Liese abholt. Den Nachmittag bis zum Abendbrot widmet sie dem Kind; nur wenn es nicht anders geht, bittet sie Jonas, früher nach Hause zu kommen. Jonas ist also präsent, wenn

Antonia krank ist oder einen sehr wichtigen Termin hat. Dann versucht er, Liese in seinen üblichen Tagesablauf einzutakten: An diesen besonderen Tagen darf sie ihm beim Füttern der Waschmaschine assistieren und beim Putzen seines Instruments zugucken. Liese lernt beizeiten, dass Papa wichtige und geheimnisvolle Dinge zu tun hat, die nicht von ihr abhängen. Auf der anderen Seite lernt sie, dass ihre Mutter grundsätzlich für sie zuständig ist und wenige andere Prioritäten hat als ihr Kind. Antonias Berufstätigkeit, die während Lieses Zeit in der Kita stattfindet, nimmt sie weniger wahr als Jonas' ganztägige Abwesenheit und seine Liebe zur Musik.

Die feministische Psychoanalytikerin Jessica Benjamin schreibt über die Schwierigkeit von Frauen, in der Mutter-Kind-Beziehung als eigenständige Person aufzutauchen. Weil Frauen und Mädchen von vornherein nahegelegt wird, ihre Bedürfnisse denen anderer Menschen unterzuordnen, erscheinen ihre Wünsche und Gelüste auch im Verhältnis zum eigenen Kind als wenig wichtig. Benjamin beschreibt, wie sehr sich schon ganz kleine Kinder an ihren Eltern orientieren: Sie beobachten, wofür sie sich interessieren, was sie ablehnen, was sie gerne essen, welche Eigenschaften sie schätzen und welche nicht. Sie möchten von ihren Eltern anerkannt werden und sie ihrerseits als Gegenüber anerkennen.

Die gesellschaftlichen Vorstellungen von Mutterschaft fordern aber in erster Linie bedingungslose Fürsorge. Müttern wird ständige Verfügbarkeit und der weitgehende Verzicht auf eigene (körperliche, räumliche, zeitliche) Grenzen abverlangt. Aber erst Grenzziehungen machen einen anderen Menschen als eigenständiges Gegenüber erfahrbar. Während es für Jonas ganz normal ist, Liese beim Abholen zur Eile anzutreiben – schließlich hat er noch viel zu tun –, steht für Antonia die Zeit mit ihrer Tochter an erster Stelle. Seit sie Mutter ist, fragt sie sich viel seltener, worauf sie an einem sonnigen Nachmittag Lust hätte oder welches ihrer alten Hobbys sie vermisst. Weder sie noch Liese kommen auf die Idee, dass etwas anderes Antonia von der täglichen Routine abhalten könnte als dringende Termine, die scheinbar von außen eingefordert werden. Als Gestalterin ihres eigenen Lebens wird Antonia für ihre Tochter nur wenig sichtbar.

Aggressiv? Ich doch nicht!

Warum fällt es Antonia schwerer als Jonas, ihre Interessen und Rückzugsorte zu verteidigen, warum ist sie viel weniger abgegrenzt von ihrem Kind?

Zur Rolle der berufstätigen Mutter, die alles managt und unter Kontrolle hat, gehört ein guter Teil Aggressionsvermeidung. Die Frauenrolle hat sich gewandelt, doch unter der neuen Vielseitigkeit lebt ein altes Tabu fort: Frauen streiten sich nicht und sie sagen nicht Nein. Das Aggressionstabu wird nicht ausgesprochen und ist doch im Umgang unter Frauen und Mädchen äußerst wirkmächtig. Aggression wird als zerstörerisch erlebt. Dabei ist sie ein unvermeidliches Phänomen des Zusammenlebens, in dem immer auch Meinungsverschiedenheiten und Interessenkonflikte entstehen. Auch für die eigenen Bedürfnisse und Ideen einzustehen, erfordert Aggressivität im Sinn von Selbstbehauptung. Damit meine ich natürlich keine körperliche oder seelische Gewaltanwendung – sondern die Fähigkeit, mit dem Unmut anderer zurechtzukommen und es als Teil des Alltags zu betrachten, dass stets Kompromisse ausgehandelt werden müssen. Die weibliche Sozialisation sanktioniert aber genau dieses Verhalten und gebietet, Konflikten eher auszuweichen und sie zu verdrängen. Die Verdrängung von Ärger, Wut und Trotz ist so umfassend, dass einige Frauen von sich sagen: »Aggressiv? So kenne ich mich gar nicht.«

Auch Antonia empfindet keine bewusste Wut über Lieses »Böckchen«. In der eingangs geschilderten Stresssituation mutet sie Liese keine Ich-Aussagen wie diese zu: »Ich will jetzt nichts mehr über andere Dinge hören, wir gehen nach Hause« oder sogar »Das nervt mich!« In ihrer Absicht, Liese Raum für ihre Bedürfnisse zu geben, artikuliert Antonia keine eigenen Bedürfnisse. Ihr Zögern, Nachgeben und immer neues Nachfragen verhüllen, wie sehr der tägliche Kampf ums Losgehen sie belastet.

Auch Lieses eigener Wille wird dabei nur scheinbar respektiert. Im Grunde schiebt Antonia die Verantwortung für die Situation ihrer Tochter zu und transportiert unterschwellig Enttäuschung, dass Liese nicht ihren Erwartungen gemäß handelt. In dieser Verschiebung der eigenen, uneingestandenen Aggression auf das Kleinkind liegt eine doppelbödige Botschaft: Liese soll aus eigener Lust und eigenem Willen den Abschied meistern – und dabei eigentlich Antonias Willen vollziehen. Damit wird Liese zum Aggressor, während Antonia ihr Selbst-

bild der engelsgeduldigen Mutter aufrechterhält. Liese wird nicht als kindliches Gegenüber anerkannt, dem altersgerecht verdeutlicht werden könnte: »Ich möchte, dass du machst, was ich sage. Ich habe viel zu tun und überhaupt keine Lust, schon wieder eine halbe Stunde auf dem Flur zu knien und auf dich zu warten.«

Sei eigenwillig! Sei auf keinen Fall eigenwillig!

Schauen wir uns nun die andere Seite an, Lieses »Böckchen«. Es bleibt natürlich spekulativ, sich vorzustellen, was in der Zweieinhalbjährigen vorgeht. Die Psychoanalyse versucht, die Spuren solcher frühkindlichen Erfahrungen freizulegen und mit therapeutischer Hilfe neu zu bearbeiten. Die feministische Psychoanalyse untersucht dabei besonders die Auseinandersetzungen des kindlichen Individuums mit den Anforderungen der Geschlechterrolle. In unserem Beispiel kann die Frage lauten: Wie erlebt Liese das Frausein ihrer weiblichen Bezugspersonen, welche Eigenschaften und (Un-)Möglichkeiten kann sie damit verknüpfen?

Antonias doppelte Botschaft an Liese lässt sich mit der Psychoanalytikerin Gabriele Teckentrup wie folgt erklären: »Mütter von Mädchen haben es schwerer, die aggressiven Bestrebungen, den anderen Willen ihrer Töchter zu akzeptieren, weil Frauen für sich selbst wenig positive Bilder von Weiblichkeit, Aggressivität und Wirksamkeit in sich tragen und das Autonomiestreben der Tochter eigene Konflikte mit den unterdrückten Wünschen nach Autonomie wecken könnte.« Bei aller vordergründigen Achtung vor Lieses Mitbestimmungsrecht kann Antonia den eigenen Willen ihrer Tochter nur schwer aushalten; dieser Widerspruch hindert sie daran, klar erkennbar die Entscheidungsgewalt für die Situation zu übernehmen. Liese reagiert trotzig.

Teckentrup beschreibt Trotz als Reaktion auf ein Schuldgefühl, das dem Kind von außen vermittelt wird, sich aber auch schon als eigene Gewissensäußerung bemerkbar macht. Dabei »erleben Mädchen ihren Wunsch nach Trennung und Autonomie als besonders aggressiven Akt, weil er sich immer gegen die Mutter, die Frau und damit gegen sie selbst richtet.« Mit den feinen Antennen, die das Kleinkind längst für die Stimmungslage seiner Eltern ausgebildet hat, nimmt Liese Antonias unausgesprochene Unzufriedenheit wahr. Das »Böckchen« dient zur Abwehr der von der Mutter vermittelten

Schuld, der übergroßen Verantwortung für deren Selbstbild und innere Zufriedenheit. Gleichzeitig weiß Liese, dass sie im Grunde keine andere Wahl hat, als nach Hause zu gehen, und dass sie ihre Mutter nicht ärgern soll. Das Schuldgefühl, das somit von außen wie von innen kommt, kollidiert mit dem Recht auf Mitbestimmung, das Antonia und auch Susanne dem Kind zugestehen. »Sei eigenwillig! Sei auf keinen Fall eigenwillig!«: Der Konflikt zwischen diesen gegensätzlichen Erwartungshaltungen kann von der Zweieinhalbjährigen nicht reguliert werden. Verkompliziert wird er dadurch, dass er nicht offen benannt wird. Mit ihrem »Böckchen« versucht Liese, sich der Verwirrung und besonders dem diffusen mütterlichen Schuldgefühl zu entziehen.

Konstruktivere Formen von Aggressivität – konsequentes Handeln, Abgegrenztheit und das Verfolgen eigener Interessen – bleiben an ihren Vater geknüpft, mit dem sich Liese aufgrund ihres Geschlechts nur bedingt identifizieren kann. Dabei darf nicht vergessen werden, dass Jonas' Autonomie auf Kosten von Antonia geht, die den größten Teil der familiären Sorgearbeit auf sich nimmt. Fürsorgebedürftig und autonom sein werden für Liese zu geschlechtlich codierten Bedürfnissen, die einander ausschließen. Während Frauen für die lästigen Alltagskämpfe zuständig sind, werden Abenteuer und leidenschaftliches Interesse bei Männern verortet. Daher liegt es nahe, dass Liese sie in ihrer weiteren Entwicklung aufs Neue bei Jungen und Männern sucht – und ihre Mutter, andere Frauen und Mädchen sowie sich selbst als Mädchen abwertet. Jessica Benjamin betont, wie wichtig es für eine geschlechtergerechte Gesellschaft ist, dass Mädchen und auch Jungen ihre Mutter nicht nur als liebevoll zugewandten, sondern auch als aktiven und eigenständigen Menschen erfahren können. In unserem Beispiel könnte das funktionieren, indem Antonia von Jonas mehr regelmäßige Beteiligung an Hausarbeit und Kindererziehung einfordert – und ihre eigenen Interessen und Freundschaften, die ihr vor Lieses Geburt wichtig waren, wieder ernst nimmt. Das hätte eine größere Vorbildwirkung auf ihre Tochter als fünfzig fiktive Feuerwehrfrauen, Pippi Langstrumpfs und Biene Majas zusammen.

Vielleicht würde Jonas, der sich in seiner Vaterrolle sehr wohlfühlt, aus allen Wolken fallen und Antonia Kleinlichkeit und Engstirnigkeit vorwerfen, da er bereits sein Bestes gäbe. Den Anspruch des fifty-fifty ernst zu nehmen und dem Partner dabei Streit zuzumuten, ist eine nicht zu unterschätzende Herausforderung. Niemand möchte der Karikatur der ewig unzufriedenen und herumnörgelnden Hausfrau entsprechen. Sarah Speck beschreibt, dass auch Frauenzeitschriften ihren Leserinnen raten: »Mehr küssen – weniger meckern.« Doch das führt nur dazu, Sorgearbeit in den Bereich unsichtbarer und kräftezehrender Anforderungen zurückzudrängen, denen Frauen sich tagtäglich unterwerfen. Dem bleibt ein feministischer Klassiker entgegenzusetzen: »Wer sich nicht wehrt, kommt an den Herd!« Allemal ein guter Grund, sich trotzig zu verweigern.

Das Kind im Mittelpunkt?

Wie lassen sich diese Erkenntnisse auf den Erzieher*innenberuf übertragen? Lenken wir den Blick vom heimischen Herd in die Kita, wo Susanne 30 Stunden pro Woche im Krippenbereich arbeitet. Susanne lebt mit ihrer Partnerin zusammen und hat zwei Kinder im Teenageralter. Sowohl privat als auch im Beruf ist sie also überwiegend mit Sorgearbeit beschäftigt.

Erzieherin bzw. Erzieher ist nach wie vor ein weiblich konnotierter Beruf. Sein Tätigkeitsfeld umfasst Pflege, Versorgung und Betreuung – Arbeiten, die auch gesamtgesellschaflich mehrheitlich von Frauen verrichtet werden. Obwohl es sich um einen anspruchsvollen Ausbildungsberuf handelt, werden pädagogische Fachkräfte vergleichsweise schlecht entlohnt. Daran zeigt sich: Obwohl wir alle als Einzelne und auch als Gesellschaft ohne Sorgearbeit nicht lebensfähig wären, wird sie tendenziell abgewertet.

Die dennoch bestehende Attraktivität des Erzieher*innenberufs für Frauen wird damit zusammenhängen, dass er gerade Fähigkeiten verlangt, die Frauen und Mädchen in besonderem Maße verinnerlicht haben: sich kümmern, empathisch und verständnisvoll sein, liebevolle Beziehungen aufbauen, vor allem zu Kleinen und Schwächeren, die Bedürfnisse anderer Menschen im Blick haben und gern erfüllen. Erzieher*innen identifizieren sich also beruflich sehr stark mit Eigenschaften, die als weiblich gelten. Anders als etwa bei Frauen, die einen eher bürokratischen oder technischen Beruf ausüben, verdoppeln sich für Erzieher*innen die Anforderungen der weiblichen Rolle.

Das gilt auch für das Verhältnis zur Aggressivität. Nicht nur ihren eigenen Kindern gegenüber verlangt sich Susanne Verständnis und das Zurückstecken eigener Bedürfnisse ab, sondern auch in Bezug auf

ihre Kita-Kinder. Eine aufmerksame Beobachterin und einfühlsame Spielpartnerin und für alle Kinder ansprechbar zu sein, gehört für sie zu einer professionellen Haltung – auch wenn die Zeit nicht einmal fürs eigene Mittagessen gereicht hat. Dazu kommen Teambesprechungen und Tür-und-Angel-Gespräche mit den Eltern, die mitunter recht anspruchsvoll sind. Wie es auch im Leitbild ihrer Kita verankert ist, macht Susanne es sich zur Aufgabe, ein Problem von allen Seiten zu betrachten und stets alle Akteur*innen mitzudenken. Keine leichte Aufgabe, wenn der Personalschlüssel für Krippenkinder bei 1:5 liegt – in einer Einrichtung mit teilweise offenem Konzept und insgesamt 70 Plätzen.

Wenn Antonia kommt, um Liese abzuholen, fällt es Susanne nicht leicht, ein Gespräch mit ihr zu führen, um die Situation zwischen Mutter und Tochter zu entlasten. Während Liese sich unter der Treppe versteckt, kommt vielleicht ein anderes Kind und will hochgenommen werden, um zu zeigen, dass es den Teddy neu angezogen hat. Am liebsten würde Susanne dann sagen: »Schau, ich rede mit Lieses Mama. Warte kurz, bis ich mit dem Gespräch fertig bin.«

Warum eigentlich nicht? Warum sollte einem Kind – in einer Situation, in der es sicher ist und in seinen Bedürfnissen grundsätzlich gesehen wird – nicht klar gesagt werden, dass seine Betreuerin Grenzen hat? Praktisch ist das sowieso unmöglich, da eine Erzieherin ihre Aufmerksamkeit nicht jederzeit auf fünf Kinder gleichermaßen verteilen kann. Genauso muss jede Erzieherin irgendwann etwas essen. Die Grenzen sind ohnehin da; es geht also darum, sie unmissverständlich zu kommunizieren. Einem Kind kann verdeutlicht werden, dass das situative Nein sich nicht gegen es persönlich richtet. Vielleicht ist es nicht leicht auszuhalten, wenn das Kind zunächst verblüfft, zornig oder eifersüchtig reagiert. Neben die pädagogische Frage: »Was ist das Beste fürs Kind?« sollte hier die Frage treten: »Was ist das Beste für mich, damit ich dauerhaft gute Arbeit leisten kann?« Der tägliche Umgang ist eine Interaktion zwischen Individuen, deren Bedürfnisse aufeinandertreffen. Achtung vor und Empathie mit einem Kind bedeuten nicht, es automatisch zum Mittelpunkt des Geschehens zu machen. Dann verschwindet das eigene Ich, und das ist besonders für Frauen fatal. Die unterdrückte Aggression taucht sowieso an anderer Stelle wieder auf: diffuser und kaum greifbar, aber nicht weniger wirkmächtig. Das verwirrt alle Beteiligten und lädt, wie wir am Beispiel von Antonia und Liese gesehen haben, den alltäglichen Umgang mit unausgesprochenen Spannungen auf.

Literaturempfehlung

Keine Angst in Andersrum

Wie wäre es, wenn Frauen hauptsächlich Frauen und Männer vorwiegend Männer lieben würden? Wenn es mehr Krankenbrüder und Feuerwehrfrauen gäbe? Mit diesem Kinderbuch wird die geschlechtliche Normativität auf den Kopf gestellt. Außerdem werden diverse Familienformen erklärt, Homosexualität in der Tierwelt aufgezeigt und offen über den Schmerz durch Diskriminierung gesprochen. Durch die Themenwahl ist das Buch vor allem für angehende Schulkinder geeignet.

Olivia Jones
Keine Angst in Andersrum
Eine Geschichte vom anderen Ufer
Schwarzkopf & Schwarzkopf,
Berlin 2018,
ab 5 Jahren

Produktiver ist es, sich zunächst mit den eigenen Bedürfnissen vertraut zu machen. Dazu gehören auch die Fragen: »Was nervt mich, was macht mich wütend? Was lehne ich ab und auf welche Kompromisse würde ich mich grundsätzlich einlassen?« Wenn man sich darüber Klarheit verschafft hat, können eigene Bedürfnisse viel besser vertreten werden – gegenüber den Kindern, aber auch Kolleg*innen, Vorgesetzten und Eltern. Daraus kann natürlich Streit erwachsen. Streit ist eine Konsequenz daraus, andere Menschen als ernstzunehmendes Gegenüber zu betrachten; Streitbarkeit ist eine Haltung, auf die eine demokratische Gesellschaft nicht verzichten kann.

Auf der anderen Seite eröffnet der Erzieher*innenberuf eigene Möglichkeiten für den Umgang mit den hohen Anforderungen der Sorgearbeit. Anders als Fürsorge im familiären Rahmen bietet die bezahlte und vertraglich genau festgelegte Arbeit eine äußere Grenze, für die eigenen Bedürfnisse einzustehen. Susanne etwa regt die schlechte Bezahlung so auf, dass sie sich nachdrücklich mit streikenden Erzieher*innen solidarisiert.

Die Reflexion auf gesellschaftliche Ungerechtigkeiten hilft, den Kampf mit den alltäglichen Zumutungen, die an Frauen gestellt werden, nicht als rein individuelles Problem zu sehen. Das gilt für Susannes Arbeitsbedingungen in der Kita ebenso wie für

die Abläufe in Antonias Familie. Sich für den Erzieher*innenberuf oder für ein eigenes Kind zu entscheiden bedeutet nicht, dass Frauen die gesellschaftlichen Bedingungen, die sie dafür vorfinden, in Kauf nehmen müssen. Und was Liese angeht: Genauso wichtig wie die Aufforderung, einen eigenen Willen zu entwickeln und zu äußern, ist es, weibliche Vorbilder zu haben, die für ihre Rechte, ihren Raum und ihre dringend notwendige Ruhe eintreten.

Zum Weiterlesen:

Benjamin J. (2014): Die Fesseln der Liebe. Psychoanalyse, Feminismus und das Problem der Macht. Frankfurt am Main

Dolderer M./Holme H./Jerzak C./Tietge A. (Hrsg.) (2018): Oh Mother, Where Art Thou? (Queer-)Feministische Perspektiven auf Mutterschaft und Mütterlichkeit. Münster

Gutschmidt G. (2019): Mutti kümmert sich ums Kind. In: Frankfurter Rundschau vom 29.05.2019. Unter www.fr.de

Linkerhand K. (2018): Angst und Aggressivität im Feminismus … und die Notwendigkeit, sich Objekte jenseits von Sprachpolitik zu setzen. In: Linkerhand K. (Hrsg.): Feministisch streiten. Berlin, S. 216-227

Speck S. (2016): »Unterschiedliche Sauberkeitsstandards«. Wie heterosexuelle Paare sich über die ungleich verteilte Hausarbeit belügen. In: kritik & analyse. Zeitung für linke Debatte und Praxis, Nr. 615. Unter www.akweb.de

Teckentrup G. (1995): Einige Gedanken zum weiblichen Trotz. In: Hamburger Arbeitskreis für Psychoanalyse und Feminismus (Hrsg.): Evas Biss. Weibliche Aggressivität und ihre Wirklichkeiten. Freiburg im Breisgau, S. 45-72

Woolf V. (1997): Ein Zimmer für sich allein. Frankfurt a. M.

Koschka Linkerhand hat in der lesbischen Mädchenarbeit engagiert sowie in zwei Frauenhäusern gearbeitet. Derzeit lehrt sie Deutsch als Fremdsprache. Sie beschäftigt sich mit feministischer Theorie und ist Romanautorin sowie Herausgeberin des Sammelbands Feministisch streiten.

Kontakt
www.koschkalinkerhand.de

Als Mann in der Kita …

Der Erzieher Cem Erkisi erzählt, wie er das Thema Geschlecht in der Kita erlebt.

Wie ist es eigentlich, wenn man als Mann in einer Kita arbeitet? Mein Onkel stellt fest, ich sei Babysitter. Meine Eltern sind unzufrieden mit meinem Ausbildungsberuf und wünschen sich auch fast zehn Jahre später immer noch ein Studium. Die Erwartung lautete wohl nicht, dass der eigene Sohn mit 60 nicht nur auf die Enkel, sondern auch auf andere Kinder aufzupassen hat. Von Bildung war in den Gesprächen nie die Rede – von Status, Anerkennung und Geld schon. Die jüngere Generation – meine Schwestern und die anderen Gleichaltrigen – stehen allerdings zu mir, sparen sich Kommentare und bekunden Respekt für meinen Beruf. Ist die Akzeptanz männlicher Erzieher eine Frage der Generation? Vielleicht.

Nicht der Hausmeister

Wenn die eigenen Liebsten den Beruf des Erziehers nicht so richtig für voll nehmen, was ist dann mit der Gesellschaft? Immer noch gibt es Erstaunen darüber, dass ich in einer Kita arbeite. Nicht als Leitung, nicht als Koch oder Hausmeister, sondern als Erzieher. Ich genieße diese Momente des Erstaunens, da sie meist positiv sind. Selten gibt es negative Kommentare und direkte Fragen, ob ich auch Kindern die Windel wechsle.

Am Arbeitsplatz ist mein Geschlecht selbstverständlich ständig Thema. Viele Eltern fragen, ob auch andere Männer in der Einrichtung arbeiten. Mehrmals gab es explizit positive Erwähnung meines Geschlechts. Menschen mit Migrationserfahrung hingegen verzweifeln manchmal daran, dass ein Mann sich um ihre Kinder kümmert, noch dazu professionell.

Dabei wird meine Wirkung häufig überschätzt. Projektionen wie der Vater-Ersatz oder der Tobe- oder Fußballkumpel der eigenen Kinder können oder sollen durch mich oder andere männliche Kollegen nicht erfüllt werden. Es gehört auch nicht zu unserem beruflichen Kerngebiet, in Familienkonstellationen eingebunden zu werden oder ständig mit den Kindern Fußball zu spielen.

Konkret wurden diese negativen Erfahrungen, als zwei Mütter muslimischen Glaubens nicht wollten, dass ich ihre Kinder wickle. Ich hatte Glück, dass meine Leitung so klar hinter mir stand – mit dem einfachen Argument, dass ich gleiche Rechte und gleiche Pflichten wie die Kolleginnen hätte. Eine Mutter hat tatsächlich die Einrichtung gewechselt mit der Begründung, dass das islamfeindlich sei. Ich möchte aber betonen, dass diese beiden Mütter eine absolute Ausnahme darstellten, da ich mit sehr vielen Familien mit muslimischem Hintergrund gearbeitet habe und weiterhin arbeite, und nie wieder mit einer solchen Auseinandersetzung konfrontiert war. Fundamentalist*innen gibt es überall.

Konflikte im Kollegium

Manchmal passiert es natürlich, dass man als Mann zu bestimmten Arbeiten gerufen wird. Ich kann es den Kolleginnen nicht verübeln, die sich auf diese Weise selbst aus der Affäre ziehen. Wer schleppt schon gerne Wasserkisten oder schwere Kartons! Wenn ich mich nicht dagegen wehre, bin ich vor allem selbst schuld. Aber auch diese Erwartung stellt eine seltene Ausnahme dar. Eher bin ich mit der Erwartung konfrontiert, Unstimmigkeiten bzw. Lästern im Kollegium zu schlichten: weil Männer angeblich direkter in der Ansprache von Problemen seien und Frauen dazu neigen würden, lieber hinter dem Rücken der anderen zu reden, als sie zu einem klärenden Gespräch zu bitten.

Tatsächlich habe ich in der Kita gelernt, den direkteren Weg der Konfliktlösung zu suchen. Ich kann meiner weiblichen Leitung für die Begleitung auf diesem Weg dankbar sein; und ich hatte nie den Eindruck, dass sich meine Kolleginnen beim Thema Konflikte von mir unterschieden haben. Jede Kollegin und jeder Kollege (wir sind insgesamt drei Männer) hat einen ziemlich individuellen Weg im Umgang mit Auseinandersetzungen. Manche entwickeln sich und lernen dazu, andere verändern sich gefühlt nie. Eine geschlechtsspezifische Lösungs-

strategie im Umgang mit Konflikten gibt es natürlich nicht.

Eine ausgewogene Kampagne

Solcherlei Vorurteile über Männer und Frauen im Erzieher*innenberuf könnten – wenn es nicht so ernst wäre – eine lustige Begleiterscheinung im beruflichen Alltag sein. Meiner Meinung nach sind sie aber nicht ausschlaggebend für das Fernbleiben von Männern.

Der Beruf braucht Imagepflege. Natürlich kann finanzielle Attraktivität mehr Männer (und Frauen!) von der Arbeit in Kitas überzeugen. Aber es muss darüber hinaus gehen. Insofern ist die Kampagne des Bundesministeriums für Familie sinnvoll. Der positive Blick auf den Alltag und die Arbeit in Kitas ist klug gewählt. Ansätze, Vorurteile über die Arbeit aufzubrechen, gefallen nicht nur mir, sondern auch meinen Kolleginnen.

Natürlich müssen sich Männer angesprochen fühlen von der beruflichen Perspektive, in Kitas zu arbeiten. Eine ausschließliche Fokussierung auf Männer wäre aber Quatsch, weswegen die Kampagne ausgewogen ist. Denn die Qualität der Fachkraft macht sich natürlich nicht am Geschlecht fest. Es wäre beleidigend den Erzieherinnen gegenüber, hier die Männer auf einen Sockel zu stellen, denn die Kolleginnen haben auch ohne Männer – oder gar trotz Männern – sehr gute Arbeit geleistet. Nur durch die Anwesenheit von Männern wird Kita-Arbeit nicht qualitativ verbessert. Es kommt wie immer auf das Individuum und die jeweilige Einstellung zur Arbeit an. Ich frage mich, wieso die Kampagne nicht auf familienfreundliche Arbeitszeiten verweist. Auch Väter wollen ihre Kinder sehen!

Der Kampf um die Rahmenbedingungen

Die weiterhin geringe Anzahl der männlichen Fachkräfte in Kitas wird oft mit der geringen Bezahlung erklärt. Mittlerweile hat sich aber zumindest in den Fachschulen rein numerisch ein Gleichgewicht der Geschlechter hergestellt. Allerdings landen immer noch nicht genügend Kollegen dann in den Kitas. Noch immer wird der Hort, die Arbeit mit Jugendlichen oder auch ein weiterführendes Studium der Berufstätigkeit in der Kita vorgezogen. Das betrifft mehr männliche als weibliche Fachkräfte.

Ich persönlich denke, dass vor allem die Arbeit mit Kleinkindern – mit sehr vielen Kleinkindern in wenigen Räumen – Männer abschreckt. Männer finden es mittlerweile ziemlich normal, sich um ihre ein, zwei, drei eigenen Kinder zu kümmern. Aber professionell und jeden Tag mit 30 Kleinkindern zu arbeiten – bei dem geringen Gehalt – schreckt ab. Außerdem bietet der Beruf des Erziehers strukturell wenig Möglichkeiten des Aufstiegs an. Und erst langwierige Streiks haben dazu geführt, dass Erzieher*innen nicht mehr mit Verträgen über 1600 Euro brutto für 30 Stunden nach Hause geschickt werden. Zum Teil wurden Stimmen laut, dass mehr gezahlt werden müsse, damit sich mehr Männer für den Beruf entscheiden. Über solche Forderungen haben sich zu Recht Kolleginnen beschwert, die gegen schlechte Bezahlung und für höhere Haustarife streiken gegangen sind.

Die Politik hat jahrelang den Bereich Kita stiefmütterlich behandelt. Erst nach und nach hat man festgestellt, dass es volkswirtschaftlich Sinn macht, bei der Geburt beiden Geschlechtern Elternzeit und Elterngeld zu gewähren, Frauen durch die Kita den frühen Wiedereinstieg in den Beruf zu ermöglichen und vor allem das System Kita dem Bedürfnis nach frühkindlicher Bildung anzupassen. Die Jüngsten wollen gebildet werden. Und obwohl einige Politiker*innen in Haushaltsverhandlungen den Bereich Kita nach wie vor für zu teuer erachten, lohnt sich jede Investition in die frühkindliche Bildung.

Wir lassen uns nicht abspeisen

Das gesellschaftliche Bild für die Arbeit in Kitas muss sich ändern. Die aktuellen Debatten über die Zugangsvoraussetzungen zum Beruf beeinflussen die Motivation von jungen Männern, in Kitas zu arbeiten. Der Beruf darf nicht das Bild erlangen, wie gemacht zu sein für die mittlere Schulreife: Die geringen Aufstiegsmöglichkeiten betreffen nicht nur junge Männer, sondern auch junge Frauen. Ein Ausbildungsberuf mit nur wenigen Aufstiegsmöglichkeiten ist nicht nur weniger attraktiv, sondern hat auch weniger Argumente bei den nächsten Tarifverhandlungen. Die berufliche (Weiter-)Qualifikation ist unser Hauptargument für bessere Bezahlung und bessere Arbeitsbedingungen. Es geht darum, den erreichten Status nicht wieder abzugeben, und das gilt für beide Geschlechter. Wir Erzieher in Kitas widersprechen einhellig dem Vorurteil, dass nur Frauen den

Job machen sollen, als Zuverdienst zum Gehalt des Ehemanns und weil Kindererziehung ohnehin Sache der Frauen wäre. Unser Beruf ist mit lebenslangem Lernen verbunden, und wir werden uns nicht noch einmal abspeisen lassen mit 1600 Euro brutto.

Cem Erkisi lebt in Berlin, arbeitet als Erzieher in einer kommunalen Neuköllner Kita und engagiert sich in der GEW Berlin, aber auch als Personalrat für bessere Bezahlung und bessere Arbeitsbedingungen.

Literaturempfehlung

Warum weint der Papa

„Vielleicht ist der Papa müde", sagt Alvdis. „Davon wird man auch traurig."

„Ja, er ist müde weil sein Baby nicht aufhört zu weinen", sagt Hamsa. „Manchmal wollen Babys nicht schlafen."

Avis und Hamsa wundern sich, warum der Papa weint. Sie suchen nach Antworten und haben viele Ideen, warum er traurig sein könnte. Dieses Kinderbuch ist eine schöne Einladung um über Gefühle zu sprechen: Was macht mich traurig, wütend oder glücklich? Und es zeigt zudem, dass auch Papas weinen.

Kristina Murray Brodin & Bettina Johansson: Warum weint der Papa Maria Benson Verlag, Berlin 2018, ab 3 Jahren

Geschlechterdiversität im Leitbild
Eine AG für Diversity und Gender

Der Erzieher Patrick und die Erzieherin Yildiz arbeiten seit einigen Jahren als vergütete Gender- und Diversity-Beauftragte bei der INA.KINDER.GARTEN gGmbH in Berlin. Noch immer ist es eine Seltenheit, dass ein Träger seinen Mitarbeitenden dafür Arbeitszeit zur Verfügung stellt. Im Interview berichten sie, was ihre Arbeit ausmacht und warum sie wichtig ist.

Euer Träger hat euch zum Diversity- und Gender-Beauftragten bestimmt, wie kam es dazu?

Yildiz: Bei einer Mitarbeiter*innenbefragung vor ein paar Jahren wurde deutlich, dass sich Gender und Diversity als Schwerpunkt für die pädagogische Arbeit gewünscht wird. Daraufhin wurde ein Team gesucht, das diese Arbeit umsetzt. Vielfalt ist bereits ein großer Schwerpunkt bei unserem Träger, der INA.KINDER.GARTEN gGmbH.

Was macht euer Leitbild in Hinblick auf Vielfalt aus und was bedeutet das für eure pädagogische Arbeit?

Patrick: Bei uns darf und kann jeder arbeiten, unabhängig von seiner sexuellen Orientierung. Dies kann herausfordernd sein und zu Fragen von Eltern, Kindern und Kolleg*innen führen. In einigen Einrichtungen haben wir eine große kulturelle Vielfalt und es gibt z.B. Kinder, die haben zwei Mamas. Auf der anderen Seite haben wir Familien mit religiösem Hintergrund. Manchmal fragen einige Kinder: »Wieso hast du zwei Mamas? Ich habe Mama und Papa.« Wenn sie diese Frage stellen, gehen wir darauf ein. Die Kinder sind dafür eh offen. Wir haben es nicht von uns aus groß thematisiert, aber es gibt wunderbare Bücher, die wir mit in die Gruppen geben.

Yildiz: Bei uns dürfen die Kinder anziehen, was sie möchten, unabhängig vom Geschlecht. Das bedeutet, dass Jungs auch Kleider tragen. Alle Kinder dürfen sich ausprobieren, sich verkleiden oder schminken. Manche Eltern haben Bedenken und natürlich auch Vorurteile. Deshalb gehen wir sensibel an das Thema heran. Eltern bringen ihre gesellschaftlichen Normen und Werte mit und haben Berührungs-

ängste. Auch die Kinder in den Gruppen haben verschiedene Lebenswelten, sie haben ihre Erfahrungen und Wahrheiten. Vielfalt bedeutet eben alle einzubinden, niemanden auszuschließen, Raum für Neues zu lassen und sich für andere Sichtweisen zu öffnen.

Patrick: Als ein Mädchen beim Fußball mitspielen wollte, gab es den Einwand von einem Jungen, dass Mädchen keinen Fußball spielen. Das Mädchen war selbstbewusst und sagte: »Doch, das darf ich.« Wir mussten dann gar nicht viel machen, weil sie sich allein durchgesetzt hat. Aber hätte das nicht funktioniert, hätten wir als Pädagog*innen natürlich den Rahmen schaffen müssen, dass die Mädchen eben nicht ausgegrenzt werden. Wir haben auch einen Kicker in der Einrichtung, da gab es nur männliche Spieler und die Kinder haben gefragt warum. Wir Pädagog*innen haben die Figuren bei dem Kicker daraufhin ausgetauscht, da gerade das Thema Mädchen und Fußballspielen bei den Kindern aktuell war. Wir haben mit den Kindern darüber gesprochen und es thematisiert, da sie natürlich auch Fragen dazu hatten.

Yildiz: Mir fällt ein interessantes Beispiel zum Thema Farben ein: Wer zieht Rosa an und wer nicht? Einmal kam ein Vater auf uns und meinte, ein Kind hätte zu seinem Kind gesagt, Rosa sei nur was für Mädchen. Er meinte, dass sein deutschsprachiges Kind zu Hause erzählt hätte, dass ein türkischsprachiges Kind meinte, Männer dürfen kein Rosa anziehen. Das führte zur Unruhe, weil der Vater in die Kita kam und anmerkte, dass doch Männer auch Rosa Hemden anziehen dürfen. Aber genau an diesem Tag kam der türkische Papa im rosa Hemd. Das Beispiel zeigt, welche Vorurteile es bestimmten Nationalitäten gegenüber geben kann.

Als ErzieherIn bringt man eigene Vorstellung von Geschlechterrollen mit. Fragt ihr euch im Team, welche geschlechterspezifischen Kompetenzen ihr mitbringt und den Kindern vermittelt? Und reflektiert ihr das gemeinsam?

Patrick: Ich habe mit den Kindern an der Werkbank gearbeitet und bin auch in der Bauecke, nicht weil ich ein Mann bin, sondern weil es mich interessiert. Bestimmte Zuschreibungen kommen natürlich recht schnell, ähnlich wie die Aussage: »Kannst du mal mit anpacken, du bist doch ein Mann!« Doch vielleicht bin ich gar nicht so stark, vielleicht ist meine Kollegin stärker? Natürlich sind wir immer auch Vorbilder für die Kinder, deswegen gehe ich nicht an die Werkbank und sage: Ich zeige euch das mal, weil ich ein Mann bin. Ich denke, es ist wichtig, Dinge zu machen, weil man es gerne macht, und nicht abhängig vom Geschlecht.

Yildiz: Natürlich passiert es mir, dass ich in manchen Situationen, in denen ich kaum Zeit habe, doch mal einen männlichen Kollegen frage, wie das z.B. mit der Bohrmaschine funktioniert. Aber generell finde ich es wichtig, den Kinder vorzuleben, dass ich mir Wissen aneigne, wenn ich was nicht weiß, oder frage, ob es mir jemand erklären kann. Wichtig ist auch: Umso vielfältiger das Team ist, umso mehr Möglichkeiten werden aufgezeigt.

Patrick: Wir leben Vielfalt vor, und die Kinder sehen das. Ich habe auch schon mit einem Kind die kaputte Hose genäht. Das Kind meinte zu mir, das macht sonst die Mama. Aber wieso sollte ich es an eine Frau abgeben? Vorbild zu sein und die Rollen aufzubrechen ist wichtig: Ich bin ein Mann, aber ich kann auch andere Sachen. Die Eltern haben sich bei mir bedankt und fanden das ganz toll.

Habt ihr eine externe Fachberatung für diese Thematik?

Yildiz: Wir haben bei null angefangen, weil wir keine Expert*innen für Gender und Diversity sind. Wir haben viel recherchiert und Literatur gesammelt, uns mit anderen Fachexperten ausgetauscht. Extern unterstützt werden wir vom Fachberater Jens Krabel von der »Koordinierungstelle Männer in Kitas«.

Welche Tipps habt ihr für Einrichtungen, die sich für mehr Genderdiversität einsetzen wollen?

Yildiz: Wichtig ist die Vielfalt in den Teams wahrzunehmen und darauf einzugehen. Es ist der Blick auf das Team und ihre Verschiedenartigkeit. Trotz der Unterschiede Gemeinsamkeiten zu finden ist die Kunst.

Patrick: Von oben kann man es nicht überstülpen. Es wird am Anfang auch immer Widerstand geben, und vor allem muss man sich im Team reflektieren: Wie ist die eigene Haltung dazu? Welche Vorurteile habe ich dem Thema gegenüber? Es ist ein ständiger Prozess, das geht nicht von einen auf den anderen Tag. Manchmal merkt man aber auch, dass man schon ganz viel gut umsetzt, und nimmt es gar nicht wahr!

Literaturempfehlung

Luzie Libero und der süße Onkel

In diesem Kinderbuch geht es eigentlich darum, dass Luzie eifersüchtig ist auf den neuen Partner ihres geliebten Onkels Tommy. Fast nebenbei wird von der gleichgeschlechtlichen Beziehung des Onkels erzählt. Erfrischend ist wie selbstverständlich ein diverses Bild von Männlichkeit daherkommt: Gemeinsames Weinen, die Liebe zur Oper und selbstgebackene Zimtschnecken gehören eben auch dazu.

Pija Lindenbaum:
Luzie Libero und der süße Onkel
Beltz & Gelberg,
Weinheim/Basel 2007,
ab 4 Jahren

Patrick und Yildiz arbeiten seit vielen Jahren als Erzieher*in. Die beiden sind seit 2017 Beauftragte für Diversity und Gender bei INA.KINDER.GARTEN gGmbH in Berlin. Zur Zeit lassen sie sich bei ihrem Träger zu Führungskräften ausbilden.

Kuscheln, Liebe, Doktorspiele
Der fachliche Umgang mit kindlicher Sexualität und Geschlechtsidentitätsentwicklung

Kinder, die voll Neugier sich selbst und andere Kinder intim berühren – solche Situationen kennen viele Eltern und Kita-Fachkräfte. Oft lösen sie Irritationen oder unangenehme Gefühle aus. Ralf Pampel fragt, was hinter dem kindlichen Sexualverhalten und der Reaktion der Erwachsenen darauf steckt. Wie lässt sich die Entwicklung der kindlichen Sexualität und der Geschlechtsidentität gut begleiten?

Sexualität, insbesondere kindliche Sexualität, sind bis heute Tabuthemen. Sie konfrontieren uns mit der eigenen Sexualität, unseren positiven und negativen Erfahrungen und der eigenen Haltung. Scham, Unsicherheiten, Ängste oder Schuldgefühle können dazu führen, dem Thema lieber aus dem Weg zu gehen. Doch auch Wegschauen und das Vermeiden von Gesprächen ist eine Form der Sexualerziehung. Sexualerziehung findet, bewusst oder unbewusst, immer statt und prägt nachhaltig die kindliche Entwicklung – ob wir ihr Verhalten verbieten, ignorieren und tabuisieren oder ob wir es unterstützen und fördern. Lernt das Kind, dass Fragen rund um sexuelle Themen bei Eltern oder Fachkräften ein Tabu sind, wird es sich bei zukünftigen Fragen, Sorgen und Erlebnissen nicht vertrauensvoll an die Bezugspersonen wenden, sondern v.a. Selbstzweifel, Scham und Sprachlosigkeit spüren. Ein wertschätzender, ehrlicher und positiver Umgang mit kindlichen Sexualthemen hingegen fördert Selbstvertrauen, Wohlbefinden und einen stärkenden Umgang mit dem eigenen Körper sowie die Fähigkeit, die eigenen Grenzen und die der anderen zu erkennen und zu respektieren.

Die Kita als Ort Sexualerziehung

Obwohl sich pädagogische Fachkräfte in den meisten Fällen an Werten wie Gleichbehandlung, Individualität und Gerechtigkeit orientieren, werden gesellschaftliche Stereotype sowie heteronormative Erwartungshaltungen und Rollenbilder auf Kinder projiziert.[1] Um einen angemessenen und individuellen Umgang mit kindlicher Sexualität und der Geschlechtsidentitätsentwicklung zu erreichen, ist es zum einen notwendig, den eigenen Zugang zu Sexualität und Geschlecht und damit auch unbewusste Reaktionen im pädagogischen Kontext zu reflektieren. Auf der anderen Seite braucht es Wissen darüber, was zur kindlichen Sexual- und Geschlechtsentwicklung gehört, welche Verhaltensweisen angemessen und welche grenzverletzend sind und wie darauf reagiert werden sollte.

Jedes Kind durchläuft in seinem individuellen Tempo eine psychosexuelle Entwicklung, die u.a. von gesellschaftlichen Werten und Normen beeinflusst wird. Neben den Eltern leistet besonders die Kita als Ort, an dem soziales Lernen im Zentrum steht, einen wichtigen Beitrag dazu, wie diese Entwicklung verläuft. Sie kann und sollte die Kinder in ihren Erfahrungen und Fragen angemessen unterstützen. Dabei sollte der von Normen und Erfahrungen geprägte Blick der Erwachsenen nicht dazu führen, kindliches Sexualverhalten misszuverstehen, bestimmtes Verhalten mit übertriebener Sorge zu betrachten oder überzureagieren.

Was ist kindliche Sexualität?

Von Geburt an erleben Kinder sich und ihre Umwelt lustvoll mit allen Sinnen. Hautberührungen sind von zentraler Bedeutung für Säuglinge und Kleinkinder: Sie fühlen sich wohl, wenn sie in den Arm genommen und gestreichelt werden oder wenn sie an Brust oder Flasche saugen. Der Körperkontakt mit den Bezugspersonen ist essenziell für das Erfahren von Nähe, Geborgenheit und Zärtlichkeit und trägt wesentlich zur kognitiven, sozialen und emotionalen Entwicklung bei. Beim Erleben von Beruhigung, Entspannung und Wohlgefühl reagiert der Körper des Kindes nicht selten auch mit einer spontanen Erektion des Penis oder einem Anschwellen der Vulvalippen. Im zweiten und dritten Lebensjahr rücken der eigene Körper und die Kontrolle über seine Funktionen in das Zentrum der Wahrnehmung. Kinder empfinden die zunehmende Fähigkeit, ihre Ausscheidungen anzuhalten und loszulassen, als lustvoll und genießen die neu erworbene Selbst-

ständigkeit. Eine Berührung an Vulva, Klitoris, Po, Penis und Hoden fühlt sich besonders aufregend an und wird zu einer wichtigen Quelle sinnlichen Erlebens. Sobald Kinder entdecken, dass es angenehme und schöne Gefühle auslösen kann, die eigenen Genitalien zu berühren, wird Selbststimulation und Masturbation zu einem häufig beobachtbaren Verhalten – genauso wie Körpererkundungsspiele (»Doktorspiele«) und sexuelle konnotierte Rollenspiele. Dabei stehen das Bedürfnis nach Geborgenheit und Zuwendung, die Neugierde am eigenen Körper sowie der Vergleich untereinander im Mittelpunkt. Kinder gehen dabei, wie auch beim Erforschen der Umwelt, vollkommen unbefangen, ohne Scham und Sorgen vor.

Mit zunehmendem Spracherwerb erlernen Kinder selbstverständlich auch Begriffe für ihre Genitalien – wenn ihre Bezugspersonen welche verwenden. Die erlernte Scham der Erwachsenen spiegelt sich in den zahlreichen, vorgeblich kindlichen Begriffen für die Geschlechtsorgane. Für keinen anderen Bereich des Körpers entwickeln Erwachsene so viel Kreativität, um die Dinge nicht beim Namen nennen zu müssen.

Auf die Erkundung des eigenen Körpers folgt auch das Interesse am Körper und den Genitalien anderer. Da Kinder auch im Bereich intimer Berührungen erst lernen, welche Regeln und Normen hier gelten, kann es an dieser Stelle auch zu Grenzverletzungen unter Kindern kommen, die einen fachlich kompetenten Umgang erfordern. Dazu kommen viele neugierige Fragen unter anderem zur Zeugung, Schwangerschaft und Geburt.

Sexualität und Geschlecht

Auch die Geschlechtsidentitätsentwicklung setzt ein. Sie ist immer auch eine kulturelle Entwicklungsaufgabe und nicht allein abhängig vom biologischen Geschlecht (»sex«) des Kindes. Geschlechtsidentität ist immer auch Ausdruck einer sozialen und kulturellen Vorstellung von Geschlecht (»gender«). Machtstrukturen, Normen und Stereotype der jeweiligen Zeit und Kultur sind also stets prägend für die gesamte Geschlechtsidentitätsentwicklung von Kindern.[2]

Von Geburt an wird die Entwicklung der Kinder nicht nur durch die Bezugspersonen und ihr Handeln, sondern auch durch die gesellschaftlich stark ausgeprägte zweigeschlechtliche Symbolik und Struktur maßgeblich beeinflusst. Alle Menschen sind

in all ihren Lebensbereichen davon geprägt und mit ihr konfrontiert. Eine ungenügende Auseinandersetzung, die Kindern nicht hilft, ihre Erlebnisse einzuordnen und zu hinterfragen, reproduziert starre Geschlechterverhältnisse. Eine Einschränkung der Entfaltungsmöglichkeiten von Kindern auf klischeehafte Vorstellungen von Weiblichkeit und Männlichkeit ist die Folge. Das hemmt individuelle Bildungsprozesse. Kinder, die den normativen zweigeschlechtlichen Verhältnissen nicht entsprechen oder sich den Kategorien »weiblich« oder »männlich« entziehen, werden sich häufig mit Ausgrenzung, Diskriminierung und besonderen Herausforderungen konfrontiert, ihren Platz in einer heteronormativen Welt zu finden.[3]

Kinder beobachten die erwachsenen oder älteren Bezugspersonen sehr genau. Das an ihnen wahrgenommene Verhalten wird im Spiel nachgeahmt, ausprobiert und gefestigt. Im Vorschulalter wird vorrangig in geschlechtshomogenen Gruppen gespielt, und die Jungen/die Mädchen sind plötzlich alle »doof«. Mit fortschreitendem Spracherwerb provozieren Kinder auch gern und wollen herausfinden, wie Erwachsene auf Wörter wie »ficken«, »Schwanz« oder »Nutte« reagieren. Hier heißt es, einen kühlen Kopf bewahren und die Frage stellen, welcher fachliche Umgang mit kindlicher Sexualität angemessen ist.

Mädchen haben nicht »nichts«!

Eine immer wieder diskutierte Frage ist: »Wie sollen wir eigentlich die Genitalien der Kinder benennen?« Die Gegenfrage könnte lauten: »Wie benennen Sie alle anderen Körperteile des Kindes?«

Auch die Genitalien sollten korrekt bezeichnet werden: Vulva und Vulvalippen, Vagina, Klitoris, Penis, Hoden. Eine Verniedlichung ist Ausdruck erwachsener Scham und als Hilfe zum Spracherwerb nicht nötig! Während in Wickel- und Waschsituationen die einzelnen Körperteile liebevoll bezeichnet werden, bleiben die Genitalien häufig unbenannt. Für Kinder entsteht dadurch zwischen Bauch und Po eine sprachliche Lücke. Eine Differenzierung einzelner Körperteile können sie dann schlecht vornehmen.

Besonders die Bezeichnung des weiblichen Genitals fällt oft schwer. Auf den Begriff »Penis« können sich die meisten Erzieher*innen noch einlassen, »Vulva« als korrekte Bezeichnung des äußerlich sichtbaren Teils des weiblichen Genitals geht den wenigsten Menschen einfach über die Lippen. Viel zu häufig wird bei der Bezeichnung der Körperteile die Vulva ausgelassen – von der Klitoris ganz zu schweigen. Dabei haben diese Körperteile für Mädchen sehr wohl eine hohe Relevanz: als ganz normaler Teil ihres Körpers und als Quelle von lust-

vollen Erfahrungen. Berichten Mädchen von Schmerzen am Bauch, meinen aber Schmerzen im Genitalbereich, kann es unter Umständen lange dauern, bis die Bezugsperson erkennt, worum es gerade geht. Im Hinblick auf den Schutz vor sexualisierten Übergriffen kann das bedeuten, dass ein Kind nicht in der Lage ist oder sich nicht traut, darüber zu sprechen, dass es an seinen Genitalien berührt wurde, ohne das zu wollen. Das liegt auch daran, dass es gelernt hat, dass dieser Bereich des Körpers ein Tabubereich und damit nicht besprechbar ist. Ein weiterer Aspekt der ungleichen Bewertung der Genitalien der Kinder wird in folgender, sehr häufig beobachtbaren Situation deutlich:

Ein vierjähriges Mädchen beobachtet mehrere Jungen, die ausprobieren, wie gut sie im Stehen pinkeln können. Das Mädchen wendet sich an die Erzieherin und fragt, ob sie das auch könne. Die Erzieherin antwortet: Das geht nicht, denn Jungs haben nun mal einen Pullermann und Mädchen haben keinen.

In dieser Situation steht nicht so sehr die Möglichkeit des Pinkelns im Stehen im Vordergrund als vielmehr die Wahrnehmung und Bewertung der Genitalien. Für das Mädchen stellt es sich so dar, dass Jungs einen »tollen« Körperteil haben, mit dem sie

spannende Dinge tun können. Mädchen hingegen fehle etwas, sie haben vermeintlich »nichts«.

Das Beispiel ist exemplarisch für die kulturhistorisch gewachsene Ungleichbehandlung männlicher und weiblicher Körper und Sexualität. In einer Entwicklungsphase, in der die Auseinandersetzung mit der Geschlechtsidentität und dem eigenen Körper zentral ist, ist die fehlende Sprache und Tabuisierung der kindlichen Neugierde und Lernfreude durch erwachsene Scham ein fatales Signal.

Die Kinder übernehmen unsere Unsicherheit in Bezug auf den eigenen Körper und die Genitalien. Wenn sie stattdessen die Erfahrung machen, dass die Genitalien ein ebenso wichtiger und wertgeschätzter Teil ihres Körpers ist wie alle anderen, sind sie eher dazu in der Lage, bei Fragen, Verletzungen und auch Übergriffen diese klar zu benennen und auszudrücken.

Masturbation

Selbstbefriedigung ist ein wesentlicher Entwicklungsschritt im Erleben der körperlichen Selbstbestimmung und Teil der Intimsphäre des Kindes. Die eigenen Genitalien zu berühren, sich zu streicheln und zu stimulieren erzeugt ein wohliges, angenehmes und lustvolles Gefühl, das beim Einschlafen helfen und zur Entspannung beitragen kann. Hinsichtlich der Häufigkeit von Masturbation im Kindergartenalter spielt das Geschlecht keine Rolle. Tatsächlich ist es aber gar nicht so selten, dass im pädagogischen Umgang mit kindlicher Masturbation aufgrund von Geschlechterrollenzuschreibungen ein Unterschied gemacht wird. Während das lustvolle Berühren des Penis bei Jungen eher akzeptiert und vielleicht mit einem Lächeln oder augenzwinkernden Kommentar gewürdigt wird, stößt Masturbation von Mädchen häufiger auf Sorge und Scham: »Mach die Beine zusammen!«

Wichtig ist, die kindliche Masturbation niemals als schlecht zu bewerten, zu verurteilen, mit bösen Blicken oder erschrockener Abwehr zu strafen. Kinder erleben sonst sehr widersprüchliche Erfahrungen: das angenehme Gefühl im Umgang mit dem eigenen Körper und die strafende Haltung der Bezugsperson.

Kinder sollten aber lernen, dass es Orte und Situationen gibt, in denen masturbieren nicht angemessen ist. In einfühlsamen Gesprächen lässt sich vermitteln, dass es in Ordnung und schön ist, sich an Vulva oder Penis zu berühren und zu streicheln, dass es aber zum Beispiel beim gemeinsamen Abendessen unangebracht ist. Es ist wichtig, dem Kind dabei nicht das Gefühl zu geben, dass es etwas Schlechtes macht – zugleich aber auch die eigenen Grenzen zu vermitteln. Ist es mir unangenehm, sollte ich es dem Kind auch erklären. Bei solchen Lernprozessen geht es darum, die eigene Intimität zu wahren und Rücksicht auf andere zu nehmen.

Körperscham

Schamgefühle entwickeln sich bei Kindern sehr individuell. Sie sind aber auch beeinflusst von normativen Besetzungen im gesellschaftlichen Umgang mit Genitalien und Nacktheit. So wird der Körper von Mädchen aufgrund medialer Gefährdungsdiskurse als besonders verletzlich und damit schützenswert angesehen. Bei ihnen wird kindlich-sexuell exploratives Verhalten und Zeigelust häufiger unterbunden; stattdessen wird Mädchen eher Scham im Umgang mit Nacktheit und sexuellem Verhalten mitgegeben. Auf diese Weise vermitteln ihnen Erwachsene, dass es gesellschaftlich erwünscht ist, sich körperlich zurückhaltend zu verhalten – anstatt sie in einem selbstbewussten Umgang mit ihrem Körper zu stärken.

Schamgefühle sind immer auch ein Zeichen für übertretene intime Grenzen und weisen auf das Bedürfnis nach Schutz und Abgrenzung hin. Genau deshalb müssen die Gefühle der Kinder von Erwachsenen ernst genommen werden. Sie mit Sätzen wie »Stell dich nicht so an« oder »Es schaut dir doch niemand etwas ab« zu kommentieren, ist genauso unangebracht, wie über kindliche Gefühle zu lachen oder sie nur niedlich zu finden. Werden die Wünsche der Kinder nach Intimität ernst genommen, erlebt das Kind, dass es sich gegen ungewollte Berührungen wehren und über den eigenen Körper bestimmen darf.

Körpererkundungsspiele

Körpererkundungsspiele oder »Doktorspiele« sind spannende Entdeckungsreisen und Erfahrungen. Jedem Kind steht auch hier das Recht auf Privatsphäre und Intimität zu. Unter der Einhaltung konkreter Regeln sind Körpererkundungsspiele grundsätzlich angemessen und sollten zugelassen werden. Kinder sollten die Möglichkeit haben, sich in diesem Entwicklungsbereich auszuprobieren und zu erforschen.

Wie bei allen anderen Spielen auch, ist hier die Einhaltung ganz bestimmter Regeln eine wichtige Voraussetzung. Regeln für Körpererkundungsspiele könnten u.a. so lauten:

- Jedes Kind kann allein über seinen Körper entscheiden.
- Kein Kind darf einem anderen Kind weh tun. Ältere Kinder, Jugendliche und Erwachsene dürfen sich an »Doktorspielen« nicht beteiligen. Es dürfen keine Gegenstände in Körperöffnungen eingeführt werden. Körperöffnungen sind Mund, Nase, Ohren, Po, Vagina, Harnröhre.
- Kein Kind darf ein anderes Kind zu etwas zwingen, es überreden oder erpressen. Jedes Kind darf zu jeder Zeit das Spiel abbrechen, wenn es nicht mehr mitspielen möchte.
- Jedes Kind darf jederzeit »Stopp« oder »Nein« sagen oder auf anderem Weg mitteilen, dass es nicht mehr mitspielen möchte.
- Jedes Kind muss das »Stopp« oder »Nein« eines anderen Kindes akzeptieren.
- Jedes Kind kann sich jederzeit Hilfe holen. Hilfe holen ist kein Petzen.

Häufig wird diese Form von Spielen, aufgrund der Scham und Unsicherheit der Erwachsenen im Umgang damit, entweder verboten oder nicht ernst genommen. Dadurch nehmen sich die Bezugspersonen in erster Linie die Möglichkeit, Kindern in ihren Lernprozessen notwendige Regeln für den Umgang mit dem eigenen Körper und dem Körper anderer mitzugeben. Gerade in Bezug auf Sexualität ist ein frühes Erlernen des Umgangs mit den eigenen und den Grenzen anderer maßgeblich für die Möglichkeit, sich und andere vor Übergriffen zu schützen. Finden diese Spiele nur heimlich statt, können Regeln kaum erlernt werden. Sind die Regeln für Kinder klar und verständlich formuliert und werden dennoch übergangen, so wird aus altersangemessenen Erkundungsspielen sexuell grenzverletzendes oder übergriffiges Verhalten, das seitens der Fachkräfte und Bezugspersonen unterbunden werden muss.

In solchen Fällen muss die Situation beendet werden und es sollten der jeweiligen Situation angemessene Gespräche und gegebenenfalls Maßnahmen folgen.[4]

In der Beurteilung sexuell grenzverletzender Situationen ist auch die Selbstreflexion der Fachkraft wichtig. Dazu gehört, es überhaupt für möglich zu halten, dass diese Situationen in jeder Kita auftreten können und grundsätzlich jedes Kind in der Lage ist, sexuell grenzverletzend zu agieren. Hier ist es notwendig zu überprüfen, ob die eigenen Vorstellungen über geschlechtliche oder kulturelle Zuschreibungen der beteiligten Kinder die Beurteilung der Situation beeinflussen. Wird Jungen eher die »Täter«rolle, Mädchen eher die »Opfer«rolle zugeschrieben? Ist übergriffiges Verhalten durch Mädchen denkbar? Wird Mädchen eine Mitschuld gegeben, weil sie sich nicht gewehrt haben? Wird auf übergriffiges Verhalten von Jungen weniger deutlich reagiert, weil »Jungen nun mal so sind«?

Aufklärung: wahrheitsgemäß und altersgerecht

»Wie kommt das Baby in den Bauch?«, »Warum hat Mama Brüste und Papa nicht?« oder »Warum ist Papa mit dem neuen Freund nachts immer so laut?«

Fragen wie diese können den Erwachsenen schnell die Schamesröte ins Gesicht treiben oder zu Sprachlosigkeit führen. Oftmals ist auch der Gedanke da: »Hilfe, jetzt muss ich schon ein ernsthaftes Aufklärungsgespräch mit dem Kind führen.« oder »Ist es nicht viel zu früh dafür?«.

Grundsätzlich gilt, dass es sich bei Aufklärung über körperliche Vorgänge und Sexualität nicht um ein einmaliges Gespräch handelt, sondern um einen andauernden Prozess. Kinder haben Fragen, wenn sie die Umwelt und sich selbst erkunden. Sowohl Eltern als auch Erzieher*innen sind als Bezugspersonen in der Verantwortung, der Neugierde der Kinder mit angemessenen Antworten zu begegnen. Dabei ist es nicht wichtig, sofort und umfassend über jedes Detail zu informieren, sondern altersangemessen zu reagieren. Oftmals reicht ein einfacher Satz zur Beantwortung der Frage aus. Dabei hilft es, darauf zu achten, was das Kind tatsächlich fragt. Lange Vorträge sind hier fehl am Platz. Zur Unterstützung eignen sich auch Bücher zum Thema. Diese können den Erwachsenen helfen, Worte zu finden, und den Kindern, eine Vorstellung zu entwickeln. Selbstverständlich ist es auch völlig in Ordnung, ehrlich zu sagen, wenn man etwas nicht genau weiß oder von der Frage so überrascht ist, dass es etwas

Zeit braucht, um darauf gut zu antworten. Wichtig ist, die Fragen der Kinder in jedem Fall ernst zu nehmen und ihnen wahrheitsgemäß Antworten zu geben. Beispielsweise kann die Antwort »Ein Kind entsteht, wenn man sich lieb hat« verwirrend sein, denn Kinder haben auch ihre Freund*innen lieb.

In einem offenen und wertschätzenden Gespräch lernt das Kind, dass es in seinen Interessen und Fragen respektiert wird und dass es der Bezugsperson vertrauen kann. Das kann besonders in Situationen hilfreich sein, in denen Kinder Übergriffe erleben. Es fällt dann leichter, darüber zu sprechen. Wissen, Gespräche und Vertrauen stärken das Selbstbewusstsein und sind damit wichtige Bausteine des Kinderschutzes.

Elternarbeit

Ein grundlegendes gemeinsames Interesse von Eltern und Kita ist der Schutz des Kindes. Gelingt es den Fachkräften, den Eltern die Notwendigkeit einer sexualfreundlichen und geschlechtergerechten pädagogischen Arbeit zu verdeutlichen, ist es auch möglich, sie von der Arbeit in der Einrichtung zu

überzeugen. Hier ist es hilfreich, darüber zu informieren, dass Wissensvermittlung und Sprachfähigkeit zu sexuellen Themen Kinder dabei unterstützen kann, sich zu schützen. Den Eltern Wissen über die kindliche Sexualentwicklung mitzugeben, beispielsweise in themenspezifischen Elternabenden, und ihnen bei Fragen und Ängsten wertschätzende verständnisvolle Gesprächsmöglichkeiten anzubieten, erleichtert zusätzlich die sexualpädagogische Arbeit. Wenn Schwerpunkte der sexuellen Entwicklung auch in Entwicklungsgesprächen und der Portfolio-Arbeit thematisiert werden, gelingt es eher, das Thema zu enttabuisieren und eine sexualfreundliche Gesprächskultur in der Einrichtung zu etablieren. Empfehlenswert ist es auch, das ganze Team mit Weiterbildungen zum Thema auf einen gemeinsamen Stand zu bringen sowie die Grundlagen, erarbeitete Regeln und die sexualpädagogische Arbeit im Konzept der Kita zu verankern.

Sexuelle Bildung ist Prävention

Der bewusste und positive pädagogische Umgang mit der sexuellen und der Geschlechtsidentitätsentwicklung von Kindern ist eine wesentliche Voraussetzung dafür, Kinder zu stärken, sie sprachfähig zu machen und ihnen einen wertschätzenden Umgang mit ihrem eigenen Körper zu ermöglichen. Sexuelle Bildung unterstützt Kinder dabei, Selbstwertgefühl und Selbstbewusstsein zu entwickeln. Sie bestärkt sie in ihrer Individualität und Neugierde und vermittelt ihnen notwendiges Wissen und Toleranz. So können Kinder Selbstwirksamkeit und Verantwortung erleben. Die Auseinandersetzung mit kindlicher Sexualität in der Kita findet idealerweise nicht erst statt, wenn sexuelle Grenzverletzungen oder Übergriffe stattgefunden haben und sich Eltern und Kita darin mit großen Unsicherheiten gegenüberstehen. Der professionelle Umgang mit dem Thema schafft ein Klima, in dem es möglich wird, mit Kolleg*innen und Eltern ins Gespräch zu kommen, um gemeinsam und mit Bedacht angemessen reagieren zu können. Eine grundlegend sexualfreundliche Haltung und Akzeptanz kindlichen Sexualverhaltens sowie die Begleitung der Kinder mit sexualpädagogischen Methoden befähigen Kinder, ihr Recht auf sexuelle Selbstbestimmung wahrzunehmen.

Literatur

Bundeszentrale für gesundheitliche Aufklärung (BzgA) (2017): Liebevoll begleiten ... Körperwahrnehmung und körperliche Neugier kleiner Kinder. Unter: www.bzga.de

Maywald J. (2018): Sexualpädagogik in der Kita: Kinder schützen, stärken, begleiten. Freiburg im Breisgau

1 Vgl. den Artikel von Claudia Wallner in diesem Heft
2 Focks P. (2016): Starke Mädchen, starke Jungen. Genderbewusste Pädagogik in der Kita. Freiburg im Breisgau, S. 69
3 Zum Begriff der Heteronormativität siehe den Artikel von Jenny Wilken
4 Vgl. Freund U. & Riedel-Breidenstein D. (2006): Sexuelle Übergriffe unter Kindern: Handbuch zur Prävention und Intervention. Köln

Ralf Pampel, Dipl.-Sozialpädagoge mit M.A. Angewandte Sexualwissenschaft, ist Referent für Sexuelle Bildung und Sexualpädagogik.

Kontakt
www.sexuellebildung.org

Lina, die Entdeckerin

Endlich ein gelungenes Buch, mit dem Mädchen ihren Körper entdecken können. Die bunten und diversen Illustrationen informieren zu wichtigen Themen wie Körpergefühl, Hygiene, Körperbehaarung, Nacktheit und Aufklärung. Wir begleiten Lina beim Erforschen ihres Körpers. Durch die anatomisch genauen Darstellungen kommen auch endlich die richtigen Bezeichnungen der weiblichen Geschlechtsteile zur Geltung. Denn nur wer seinen Körper gut kennt, kann auch selbstbestimmt damit umgehen!

RITZE

YONI

SCHMUCKKÄSTCHEN

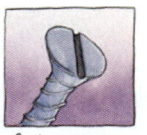
SCHLITZCHEN

MUMU

KNOSPE

Katharina Schönborn-Hotter, Lisa Sonnberger & Flo Staffelmeyer:
Lina, die Entdeckerin
Achse Verlag, Wien 2020, ab 4 Jahren

Buchtipps, Materialien und Podcasts

Empfehlungen für Kinderbücher

buuu.ch
Das Blogkollektiv stellt aktuelle gendersensible, außergewöhnliche, inklusive, feministische, intersektionale, vielfältige und klischeefreie Kinderbücher vor.
Web: https://buuu.ch

FEMBooks
FEMBooks ist ein Onlineshop für feministische, lesbisch_queere, emanzipatorische Bücher und Medien. Für die jüngeren Leser*innen und deren Eltern gibt es empfehlenswerte Kinderbücher und Jugendbücher, die vorgegebene Geschlechterrollen gewollt hinterfragen – oder diese zumindest nicht weiter verstärken.
Web: www.fembooks.de/kinderbuecher

Materialien für die Fortbildung

Ein kostenloses Selbstqualifizierungskonzept mit Handbuch und Videos für Kitas und Hort.
Web: www.maedchen-und-jungen-staerken.de/

Das Methodenset »Klischeefrei fängt früh an« eignet sich zur Reflexion von Geschlechterklischees in der frühkindlichen Bildung. Kitas können es kostenfrei bestellen.
Web: www.klischee-frei.de/de/klischeefrei_98169.php

Medienkoffer zu geschlechtlicher Vielfalt gibt es in fast jedem Bundesland. Sie umfassen eine große Auswahl von Fachbüchern, Materialien, Spielen, Kinderbüchern und vieles mehr.
Web:
Berlin: www.queerformat.de
Brandenburg: www.klischeesc.de/medienkoffer
Bremen: www.ratundtat-bremen.de
Nordrhein-Westfalen: www.gender-nrw.de
Rheinlandpfalz: www.queernet-rlp.de/projekte/kita-koffer
Thüringen: www.queerweg.de
Sachsen-Anhalt: www.medienkoffer-kgkjh.de

»Geschlechtersensible Pädagogik« ist das Portal zu Geschlechterfragen für Fachkräfte aus der sozialen und pädagogischen Arbeit. Es bezieht Positionen, gibt Einblicke und bietet konkrete Methoden zur direkten Anwendung.
Web: www.geschlechtersensible-paedagogik.de/

Podcasts

Familie & Gedöns
Ob Kindergeld oder Krippenoffensive, Elternrecht oder Eizellspende, Gender oder Sexualaufklärung: In diesem Podcast erfahren Sie alles Wichtige zur Lage der Familie. Jeden Monat werden aktuelle Schlagzeilen aus Familie, Politik und Gesellschaft kommentiert. Produziert vom Aktionsbündnis für Ehe & Familie – DemoFürAlle.

Diverse Kinderbücher
Carla Heher ist Kinderbuchinfluencerin, Literaturvermittlerin, Bloggerin, Aktivistin und Grundschullehrerin. Sie veröffentlicht ihre Rezensionen auf Blog buuu.ch und auch in diesem Podcast.